U0566150

中共江西省委党校
江西行政学院 编

江西省情
资料手册

JIANGXISHENGQING
ZILIAOSHOUCE

2024年版

江西人民出版社
Jiangxi People's Publishing House
全国百佳出版社

图书在版编目（CIP）数据

江西省情资料手册：2024 年版／中共江西省委党校，江西行政学院编. —— 南昌：江西人民出版社，2024.6.
ISBN 978-7-210-15563-8

Ⅰ. K925.6

中国国家版本馆 CIP 数据核字第 20249P2T00 号

江西省情资料手册：2024 年版
中共江西省委党校 江西行政学院 编

责 任 编 辑：涂如兰 胡 悦
封 面 设 计：同异文化传媒

江西人民出版社 出版发行
Jiangxi People's Publishing House
全国百佳出版社

地 址：江西省南昌市三经路 47 号附 1 号（邮编：330006）
网 址：www.jxpph.com
电 子 信 箱：2352748603@qq.com
编辑部电话：0791-86893196
发行部电话：0791-86899915
承 印 厂：南昌市红星印刷有限公司
经 销：各地新华书店

开 本：787 毫米×1092 毫米 1/32
印 张：5.375
字 数：56 千字
版 次：2024 年 6 月第 1 版
印 次：2024 年 6 月第 1 次印刷
书 号：ISBN 978-7-210-15563-8
定 价：26.00 元
赣版权登字-01-2024-296

目　录

发展格局篇

专题资料篇

比较资料篇

前　言

　　省情是一个省的自然、地理、政治、经济、文化、社会发展等方面历史、现状和发展规律的综合反映。正确认识和科学把握省情,是各级领导干部必须解决的一个重大问题。为了帮助在中共江西省委党校(江西行政学院)参加培训学习的学员、在职研究生及全省各级领导干部正确认识省情,科学把握省情,我们编写了本年度《江西省情资料手册(2024 版)》。手册通过展示我省经济社会发展总体概况,力求做到覆盖面广、内容简洁、易于查询、方便携带,一册在手,省情尽知。

　　本手册主要包括基本省情、发展格局、专题资料、比较资料等四方面内容。引用的数据和资料主要来源于《江西省 2023 年国民经济和社会发展统计公报》和省委省政府有关文件、领导讲话、政府网站以及省统计局和有关部门发布的资料，同时吸收了各种报道和研究文章的相关内容。在选择上遵循权威性和共识性，在表述上趋向规范化和通俗化。有些数据在正式引用时须以《江西统计年鉴》为准。由于水平和职能所限，本手册数据的选择难免存在一定疏漏乃至误差，恳请各位领导、专家和广大读者提出宝贵意见。

编者
2024 年 4 月

基本省情篇

一、区域概况

1. 自然地理

（1）方位

● 江西地处北纬 24°29′ 至 30°04′、东经 113°34′ 至 118°28′ 之间，地处中国东南偏中部长江中下游南岸。因公元 733 年唐玄宗设江南西道而得省名，又因为江西最大河流为赣江而得简称"赣"，古称"吴头楚尾，粤户闽庭"，乃"形胜之区"。江西东邻浙江、福建，南连广东，西靠湖南，北毗湖北、安徽而共接长江。江西为长江三角洲、珠江三角洲和闽南三角地区的腹地，与上海、广州、厦门、南京、武汉、长沙、合肥等各重镇、港口的直线距离，大多在六百至七百公里之内，京九铁路和浙赣铁路纵横贯通全境。

(2)面积

● 国土总面积 16.69 万平方公里,占全国总面积的 1.74%,居华东各省市之首,全国第 18 位。

(3)地形

● 江西境内地势南高北低,边缘群山环绕,中部丘陵起伏,北部平原坦荡,四周渐次向鄱阳湖区倾斜,形成南窄北宽以鄱阳湖为底部的盆地状地形。

● 全省地形大致为"六山一水二分田,一分道路和庄园"。全境以山地、丘陵为主,山地占全省总面积的 36%,丘陵占 42%,平原占 12%,水面占 10%。

● 东北部有怀玉山,东部有武夷山,南部有大庾岭和九连山,西部有罗霄山脉,西北部有幕阜山和九岭山。

● 江西最高海拔:武夷山脉主峰黄岗山(2158 米)。

(4) 河流、湖泊

● 境内水系主要属长江流域。全境有大小河流 2400 余条,总长 1.8 万余千米,大部分河流汇向鄱阳湖,再注入长江。

● 主要河流有 5 条,即赣江、抚河、信江、修河、饶河。赣江全长 751 公里,为本省第一大川,水量为长江第二大支流,自南而北流贯全省,从赣州至湖口而入长江,通航里程 5000 余公里。

● 全省 1000 余座湖泊星罗棋布。湖泊拥有率 2.4%,列全国第三位,仅次于江苏和安徽。

● 鄱阳湖是全国最大的淡水湖,是国家级自然保护区,被称为"大陆之肾""白鹤世界""珍禽王国"。鄱阳湖水系流域面积 16.22 万平方公里,相当于全省国土面积的 97%,约占长江流域面积的 9%。经鄱阳湖调蓄注入长江的多年平均水量 1457 亿立方米,占长江总水量的

15.5%。

(5)气候

● 江西属于亚热带季风气候,春季温暖多雨,夏季炎热温润,秋季凉爽少雨,冬季寒冷干燥。

● 2023年全省平均气温19.1℃,为1961年以来第2高位;全省平均降水1576.3毫米,偏少0.8成。春播期全省气温偏高,夏秋季降水量和高温日数均偏少但雨日偏多,气候年景总体偏好。

2. 自然资源

(1)矿产资源

● 江西是环太平洋成矿带的组成部分,成矿地质条件优越,矿产资源丰富。早在一万年前的新石器时代,先民们就利用陶土烧制绳纹陶器;三千多年前的商代,就能制造青铜器;唐宋时期铜、银、金、锡、铅等矿业采冶业已臻鼎盛,继之煤矿开采誉载江南。

● 江西拥有亚洲最大的铜矿和全国最大的铜冶炼基地,铜、钨、铀、钽、稀土、金、银被誉为江西的"七朵金花",钨和稀土等关键矿产资源在全球具有重大影响力,享有"世界钨都""世界铜都""亚洲锂都""稀土王国"等美誉。

● 江西已发现各种有用矿产 187 种,矿产地 5000 余处,查明有资源储量的有色金属高达 139 种,资源储量居全国前十位的共有 83 种。

◆ 能源矿产:煤、石煤、地热、铀、钍等。

◆ 黑色金属矿产:铁、锰、钛、钒等。

◆ 有色金属矿产:金、银、铜、铅、锌、铝、镁、镍、钴、钨、锡、铋、钼、锑等。

◆ 稀土元素金属矿产:钽、铌、铍、锂、铷、铯、锆等。

◆ 稀散元素金属矿产:锗、镓、铟、铊、镉、硒、碲、铋、钪、铼等。

◆ 非金属矿产:萤石、硫、磷、岩盐、水泥用灰岩、滑石、硅灰石、石膏、高岭土、膨润土、透闪石等。

◆ 水气矿产:矿泉水、地下水等。

◆ 江西主要以隆起断裂型地热资源为主,其中地热水资源分布范围较广,分布于全省11个设区市、57个县(市、区)。

(2)水资源

● 江西是长江流域的重要省份之一,全省97.7%的面积属于长江流域,水资源比较丰富,多年平均降雨量1638毫米,多年平均水资源量1565亿立方米。全境10平方公里以上河流有3700多条,2平方公里以上湖泊有70余个,人均拥有水量和高于全国平均水平。

● 根据《江西省水资源公报(2022)》显示,2022年全省地表水资源量为1533.60亿立方米,比多年平均值少1.2%。地下水资源量为363.65亿立方米,比多年平均值少4.0%。水资源总量为1556.19

亿立方米,比多年平均值少0.8%。

● 2022年年末,全省36座大型水库、264座中型水库蓄水总量为114.89亿立方米,比年初减少6.59亿立方米,年均蓄水量为124.43亿立方米。

● 2022年,全省供水总量为269.77亿立方米,占全年水资源总量的17.3%。其中,地表水源供水量为260.64亿立方米,地下水源供水量为6.08亿立方米,其他水源供水量为3.05亿立方米。全省总用水量为269.77亿立方米,其中,农业用水占72.1%,工业用水占15.7%,居民生活用水占8.0%,城镇公共用水占2.8%,人工生态环境补水占1.4%。

(3)土地资源

● 根据地域特征、土地利用主导方向等,全省划分为:赣北、赣西北、赣东北、赣中西部、赣中东部、赣南等六个土地利用区域。

◆赣北平原区:占全省土地总面积的22.6%；赣西北山地丘陵区:占 17.7%；赣东北丘陵山地区:12.5%；赣中西部山地丘陵盆地区:14.4%；赣中东部山地丘陵区:9.3%；赣南山地丘陵区:23.5%。

●全省主要地类(江西省第三次全国国土调查数据显示):

◆耕地 272.16 万公顷(4082.43 万亩)。其中,水田 227.05 万公顷(3405.73 万亩),水浇地 0.41 万公顷(6.21 万亩),旱地 44.70 万公顷(670.49 万亩)。

◆园地:57.24 万公顷(858.62 万亩)。

◆林地:1041.37 万公顷(15620.57 万亩)。

◆草地:8.87 万公顷(133.03 万亩)。

◆城镇村及工矿用地:110.36 万公顷(1655.46 万亩)。

◆交通运输用地:34.98 万公顷(524.70 万亩)。

◆湿地、水域及水利设施用地:131.83 万公顷(1977.35 万亩)。

(4)植物资源

● 植物系统演化中各个阶段的代表植物江西均有分布,同时发现不少原始性状的古老植物,如"活化石"银杏等。

● 有高等植物 6337 种,其中苔藓类植物 1141 种(含种下等级,下同),石松类和蕨类植物 488 种,裸子植物 36 种,被子植物 4672 种。

● 列入《国家重点保护野生植物名录》林业部门管理的有 78 种。

◆ 其中国家 I 级保护 6 种,国家 II 级保护 72 种。

● 列入《江西省重点保护野生植物名录》的有 150 种。

◆ 其中省 I 级保护 4 种,省 II 级保护 26 种,省 III 级保护 120 种。

● 分布于宜春市的落叶木莲为我省特有树种,是木莲属唯一落叶的植物。

● 东乡区的野生稻为近代水稻始祖,是我国分布最北的野生稻。

● 南昌金荞麦、鄱阳湖莼菜、彭泽中华水韭、宜黄水蕨、赣南野生茶、九江野生莲均为国内珍稀物种。

● 萍乡市的长红檵木母树,树龄 300 多年,为世界仅存的长红檵木母树。

(5) 野生动物资源

● 江西已知野生脊椎动物 1007 种。

◆ 其中,哺乳类 105 种,约占全国的 21%。

◆ 鸟类 580 种,约占全国的 40%。

◆ 爬行类 77 种,约占全国的 20%。

◆ 两栖类 40 种,约占全国的 14%。

◆ 鱼类 205 种,约占全国的 5.9%。

● 鄱阳湖是闻名世界的水鸟越冬地,每年到鄱阳湖越冬的候鸟多达 60 万~70 万只。

◆ 其中国家 I 级保护鸟类 25 种、国家 II 级保护鸟类 88 种,越冬白鹤最高数量达 4000 余只,约占全球的 98%。

◆鄱阳湖长江江豚约 450 头,占整个长江
江豚种群近一半。

3. 历史沿革

●旧石器时代末期向新石器时代早期转
变:鄱阳湖周边和赣江中下游许多地区
已有远古人类繁衍生息。代表性遗址:
万年仙人洞遗址。

●新石器时代:普遍以农业经济为主,而且
以栽培水稻为主要生产活动,也狩猎和
捕鱼。代表性遗址:筑卫城遗址。

●商周时期:樟树吴城、新干大洋洲等商周
遗址的考古发现,打破了"商文化不过长
江"的定论,表明当时赣江中下游地区已
经具有了较为发达的农业和手工业,有
着一支与中原地区并驾齐驱的青铜文
明。代表性遗址:吴城商代青铜文化遗
址。

●春秋战国时期:江西谓之"吴头楚尾",
主要系指赣北地区而言,赣南地区称为

"百越之地"。

● **秦汉时期**:秦朝设立九江郡,辖境内有赣北、赣中、赣南。赣西则由长沙郡管辖。江西境内的行政区划由西汉时期的 1 郡 18 县,发展到东汉末年的 3 郡 35 县,初步奠定了今天江西省行政区的规模。

● **魏晋南北朝时期**:孙氏东吴在江西设 6 郡,属扬州,江西还不是直属中央的州级独立行政单位。两晋时期,境内设江州,从此江西作为直属中央州一级的独立行政机构。南朝 4 代,各朝统治者仍加强对江州的控制。

● **隋唐五代**:隋改豫章郡为洪州,置总管府,这是江西设立军政统一管理体制的总管府的开始。唐在地方行政机制是"道"制,江南西道的治所在洪州(今南昌),简称江西道,"江西"由此得名,设 9 州 49 县。五代更替,江西仍为吴、南唐割据区域。隋唐五代使江西与大中国历史发展同步,创造出远超前代的物质文明与精神文明。

● 宋元明时期:北宋时期是江西行政区划发展的全盛时期,共有 13 州军,管辖 65 县;南宋江西全境为 9 州 4 军,下辖 68 县。到了元朝,江西是全国 10 个行省之一,省辖 18 路、9 州、13 个路属州和 78 县,辖境跨越南岭南北,包括今江西大部和广东大部。明朝江西布政司下辖 13 府,辖 78 县,除婺源外相当于今日的江西区域范围。此时的鄱阳湖及赣江成为南北物质交流的重要通道,江西作为一个完整的行政区域已完全确立为国家的重要财富基地,并涌现出大批精英人才,文化事业步入全国先进行列,呈现出"江西填湖广"的人口流动局面。

● 清朝时期:清初期改"江西布政使司"为"江西省",辖 13 府,1 直隶州,77 县,江西进入了一个相对稳定的发展时期。清中晚期,尤其是随着帝国主义的侵入,手工业加速破产,江西经济、文化地位下降,边缘化趋势开始显现。辛亥革命后的第13天,九江宣布独立,这是继湖南、陕西之后全国第三个宣布独立的地方。之后,江西同盟会武装起义,宣布江西独立,标志着清朝在江西的统治结束。

- 民国时期:1913年7月,北洋军阀开始了对江西14年的统治。在1927年到1934年的7年中,江西是中国共产党领导土地革命的主要地区,革命根据地的斗争引导了中国的前进方向和历史命运。抗战时,全省60多县先后遭到日军侵扰,江西人民对日寇进行了艰苦卓绝的斗争。

- 1949年5月22日,二野第四兵团第三十七师解放南昌。6月16日,江西省人民政府成立,邵式平为主席,范式人、方志纯为副主席。6月19日,中共江西省委成立,陈正人为书记、范式人、杨尚奎为副书记。6 月 25 日,江西军区成立,陈奇涵为司令员,杨国夫为副司令员。9 月 30 日,四野第十五兵团第四十八军解放石城。至此,江西全境均获解放。

4. 红色摇篮

●1922 年 2 月,在安源成立了中共第一个工人党支部。1922 年 9 月 14 日,在毛泽东、李立三、刘少奇等领导下,组织了安源路矿工人大罢工,使安源成为中国工人运动的策源地。

●1927 年 8 月 1 日,周恩来、贺龙、叶挺、朱德、刘伯承等同志领导下的"八一南昌起义",打响了中国共产党武装反抗国民党反动派的第一枪,成为中国共产党独立领导革命战争、创建人民军队和武装夺取政权的开端。

●1927 年 10 月 27 日,由毛泽东率领的秋收起义部队,经三湾改编后,到达井冈

— 17 —

山。1928年4月下旬,由朱德、陈毅率领的南昌起义军余部和农军到达井冈山,与毛泽东所率领秋收起义部队会师,在井冈山创建了中国第一个农村革命根据地。

● 1931年11月,中华苏维埃第一次全国代表大会在瑞金召开,中华苏维埃共和国临时中央政府成立,毛泽东任临时中央政府主席,中国历史上第一个全国性红色政权诞生了。

● 1934年,红军主力长征后,留下的红军、游击队和党政工作人员在项英、陈毅等同志和各地党组织的领导下,在江西及其周边七省同国民党反动派五六十个师的兵力进行了艰苦卓绝的斗争。1934年到1937年南方三年游击战争,同长征一样证明了中国共产党和工农红军是支伟大的力量。

● 在土地革命时期,江西是中国共产党领

导全国人民进行革命斗争的主要根据地之一,先后创建了中央、湘赣、湘鄂赣、闽浙皖赣4块连片的革命根据地,建立了中央苏维埃政权和江西、闽赣、闽浙皖赣、湘赣、湘鄂赣、粤赣、赣南7个省级苏维埃及110个县级苏维埃。当时,革命根据地面积占江西全省总面积的三分之二,人口占全省总人口的二分之一以上。

● 1937年10月,国共双方协议,将江西及周边七省红军和游击队改编为国民革命军陆军新编第四军,同年12月25日新四军军部在汉口成立。1938年1月6日,新四军军部迁驻南昌。江西是新四军这支抗日军队的组建地和发源地。

● 江西省仅载入"革命烈士英雄名录"的革命烈士就有25万余人,占全国革命烈士总数的六分之一。

5. 人口、民族与方言

(1) 人口

● 2023 年末全省常住人口 4515.01 万人，比 2022 年末减少 12.97 万人，下降 0.29%。

● 城乡分布:城镇常住人口 2850.33 万人，占总人口的比重(常住人口城镇化率)为 63.13%,比上年末提高 1.06 个百分点。

● 自然增长:2023 年全省出生人口 29.50 万人,比上年减少 3.00 万人;死亡人口 33.30 万人,比上年增加 1.90 万人。人口出生率 6.52‰,比上年下降 0.67 个千分点;人口死亡率 7.36‰,比上年上升 0.42 个千分点;人口自然增长率 -0.84‰,比上年下降 1.09 个千分点。

● 年龄构成:2023 年末全省常住人口中,0—15 岁(含不满 16 周岁)人口 927.51 万人,占总人口的 20.54%;16—59 岁(含不满

60 周岁）人口 2740.60 万人，占 60.70%；

60 岁及以上人口 846.90 万人，占 18.76%，

其中 65 岁及以上人口 608.85 万人，占

13.49%。

● **性别构成：**2023 年末全省常住人口中，

男性人口 2332.79 万人，占总人口的

51.67%；女性人口 2182.22 万人，占

48.33%。总人口性别比（以女性为

100，男性对女性的比例）为 106.90，比

上年末下降 0.02。

● **地区分布：**全省 11 个设区市中，常住人

口超过 350 万人的有 7 个，在 100 万人

至 200 万人之间的有 4 个，全省人口分

布总体仍然呈现"七大四小"的格局。

七个人口规模较大设区市总人口均大于

350 万人，依次为：赣州市（898.92 万

人）；南昌市（656.82 万人）；上饶市

（639.59 万人）；宜春市（494.43 万人）；

九江市（453.61 万人）；吉安市（438.61

万人);抚州市(356.26 万人)。

(2)民族

● 据第七次人口普查数据:全省常住人口中,汉族人口为 44969369 人,占 99.51%;各少数民族人口为 219266 人,占 0.49%。与 2010 年第六次全国人口普查相比,汉族人口增加 554305 人,增长 1.25 %;各少数民族人口增加 66855 人,增长 43.86%。

● 据第六次人口普查数据①:人数最多的少数民族为畲族,91068 人;其次为苗族,9125 人;第三为回族,8902 人;第四为壮族,7979 人;第五为满族,4942 人;最少为德昂族和珞巴族,各 1 人。

● 少数民族人数最多的设区市:赣州,有 57243 人;少数民族人数最多的县(区):南康区,有 10213 人。

● 少数民族个数最多的设区市:南昌,共有

---

① 因第七次人口普查未公布详细民族数据,因此以第六次人口普查代替。

52 个。

● 全省有 8 个民族乡:贵溪市樟坪畲族乡、铅山县太源畲族乡、铅山县篁碧畲族乡、永丰县龙冈畲族乡、南康区赤土畲族乡、青原区东固畲族乡、乐安县金竹畲族乡、峡江县金坪民族乡。

● 少数民族行政村:82 个;少数民族村民小组:398 个。

(3) 方言

● 江西省方言文化多元,汉语的赣、客、吴、徽、闽、湘和官话 7 大方言都有分布,以赣语、客家话为主。

● 最主要方言为赣语,覆盖了全省面积和人口的四分之三。省内赣语区分为:昌靖片、宜浏片、吉茶片、抚广片和鹰弋片。其中以江西赣语区三大城市口音抚州话、新余话、南昌话为赣语代表或标准音。

6. 行政区划

(1) 设区市

● 共有设区市 11 个。

◆ 南昌、景德镇、萍乡、九江、新余、鹰潭、赣州、吉安、宜春、抚州、上饶。

(2) 县(市、区)

● 共有县(市、区)100 个。其中 61 个县、12 个县级市、27 个市辖区。

◆ 南昌市:东湖区、西湖区、青云谱区、红谷滩区、青山湖区、新建区、南昌县、安义县、进贤县。

◆ 景德镇市:昌江区、珠山区、乐平市、浮梁县。

◆ 萍乡市:安源区、湘东区、莲花县、上栗县、芦溪县。

◆ 九江市:濂溪区、浔阳区、柴桑区、瑞昌市、共青城市、庐山市、武宁县、修水县、永修县、德安县、都昌县、湖口县、彭泽县。

◆ 新余市:渝水区、分宜县。

◆鹰潭市:月湖区、余江区、贵溪市。

◆赣州市:章贡区、南康区、赣县区、瑞金市、龙南市、信丰县、大余县、上犹县、崇义县、安远县、定南县、全南县、宁都县、于都县、兴国县、会昌县、寻乌县、石城县。

◆吉安市:吉州区、青原区、井冈山市、吉安县、吉水县、峡江县、新干县、永丰县、泰和县、遂川县、万安县、安福县、永新县。

◆宜春市:袁州区、丰城市、樟树市、高安市、奉新县、万载县、上高县、宜丰县、靖安县、铜鼓县。

◆抚州市:临川区、东乡区、南城县、黎川县、南丰县、崇仁县、乐安县、宜黄县、金溪县、资溪县、广昌县。

◆上饶市:信州区、广丰区、德兴市、广信区、玉山县、铅山县、横峰县、弋阳县、余干县、鄱阳县、万年县、婺源县。

二、经济建设

1. 综合经济数据

(1) 地区生产总值

● 地区生产总值 32200.1 亿元,比上年增长 4.1%。

◆ 人均地区生产总值 71216 元,比上年增长 4.1%。

● 全年货物贸易进出口总值 5697.7 亿元,比上年下降 10.2%。

◆ 出口值 3928.5 亿元,下降 17.3%。

◆ 进口值 1769.2 亿元,增长 11.1%。

(2) 三次产业比例

● 第一产业增加值 2450.4 亿元,增长 4.0%。

● 第二产业增加值 13706.5 亿元,增长 4.6%。

● 第三产业增加值 16043.2 亿元,增长 3.6%。

● 三次产业结构为 7.6∶42.6∶49.8。

● 三次产业对 GDP 增长的贡献率分别为 8.1%、48.7% 和 43.1%。

(3) 投资

● 全年固定资产投资比上年下降 5.9%。

◆ 第一产业投资下降 9.9%。

◆ 第二产业投资下降 18.0%。

◆ 第三产业投资增长 5.6%。

◆ 民间投资下降 18.0%。

◆ 基础设施投资增长 19.1%。

◆ 社会领域投资增长 21.4%。

● 全年房地产开发投资比上年下降 7.1%。

(4) 财政

● 一般公共预算收入 3059.6 亿元,比上年增长 3.8%。

◆ 税收收入 2021.8 亿元,增长 13.0%。

● 一般公共预算支出 7500.6 亿元,增长 2.9%。

(5) 价格

● 全年居民消费价格比上年上涨 0.3%。

●八大类商品和服务类价格"六涨两降"。

◆教育文化娱乐类价格上涨 2.3%。

◆居住类价格上涨 0.1%。

◆医疗保健类价格上涨 0.7%。

◆衣着类价格上涨 1.9%。

◆食品烟酒类价格上涨 0.4%。

◆其他用品及服务类价格上涨 3.3%。

◆交通通信类价格下降 2.5%。

◆生活用品及服务类价格下降 0.2%。

●工业生产者出厂价格(PPI)下降 3.4%。

●工业生产者购进价格(IPI)下降 4.2%。

●农产品生产者价格下降 4.7%。

2. 农业

(1)产值

●全年农林牧渔业总产值 4198.9 亿元,比上年增长 4.2%。

●全年粮食产量 2198.3 万吨,比上年增产 2.2%。

(2) 种植面积

● 粮食种植面积 3774.3 千公顷,下降 0.05%。

◆ 稻谷种植面积 3383.9 千公顷,下降 0.6%。

◆ 油料种植面积 808.2 千公顷,增长 9.6%。

◆ 油菜籽种植面积 592.8 千公顷,增长 13.0%。

◆ 蔬菜种植面积 713.8 千公顷,增长 1.3%。

◆ 棉花种植面积 19.4 千公顷,下降 1.7%。

◆ 甘蔗种植面积 13.3 千公顷,下降 2.4%。

(3) 主要农作物产量

● 油料产量 148.1 万吨,增产 7.8%。

● 棉花产量 2.2 万吨,增产 1.2%。

● 烟叶产量 2.9 万吨,增产 5.5%。

● 茶叶产量 7.9 万吨,增产 2.9%。

● 园林水果产量 583.9 万吨,增产 8.4%。

● 全年猪牛羊禽肉产量 367.6 万吨,比上年增长 2.5%。

◆ 猪肉产量 257.4 万吨,增长 3.0%。

◆ 牛肉产量 17.8 万吨,增长 3.9%。

◆ 羊肉产量 3.2 万吨,增长 1.6%。

◆ 禽肉产量 89.2 万吨,增长 0.9%。

◆ 禽蛋产量 73.2 万吨,增长 7.1%。

◆ 水产品产量 296.7 万吨,增长 4.8%。

● 年末生猪存栏 1676.0 万头,比上年末下降 3.1%。

● 全年生猪出栏 3143.6 万头,比上年增长 2.6%。

(4) 农业地位

● 江西是全国 13 个粮食主产区之一,素有"江南粮仓"之美誉,连续 11 年保持 430 亿斤以上。

● "2023 中国农业企业 500 强"发布,江西 7 家企业上榜。双胞胎(集团)股份有限公司位列榜单第 9 位。绿滋肴控股集团有限公司排名第 106 位。江西省江天农博城发展有限公司排名第 112 位。南昌赣昌水产品综合大市场有限责任公司排名第 113 位。

3. 工业

(1)增加值

●全年全部工业增加值 11180.7 亿元,比上年增长 5.3%。

●规模以上工业增加值增长 5.4%。

◆国有企业增长 9.6%。

◆股份制企业增长 6.0%。

◆外商及港澳台商投资企业下降 0.1%。

●全年规模以上工业企业实现营业收入 40922.2 亿元,比上年增长 2.6%。

◆实现利润总额 2068.0 亿元,下降 13.0%。

◆每百元营业收入中的成本为 88.54 元,比上年增加 1.18 元。

●全年规模以上工业生产原煤 219.4 万吨,比上年增长 11.4%。

●原油加工量 766.5 万吨,增长 6.6%。

●发电量 1671.0 亿千瓦时,增长 4.6%。

(2)效益

●全年规模以上工业企业实现营业收入

40922.2 亿元,比上年增长 2.6%;实现利润总额 2068.0 亿元,下降 13.0%;每百元营业收入中的成本为 88.54 元,比上年增加 1.18 元。

(3)产品

● 全年规模以上工业中,有色金属冶炼和压延加工业增加值比上年增长 20.0%,电气机械和器材制造业增长 18.5%,化学原料和化学制品制造业增长 13.3%,黑色金属冶炼和压延加工业增长 17.1%,汽车制造业增长 10.1%。

● 战略性新兴产业、高新技术产业、装备制造业增加值分别增长 9.1%、9.1%、10.0%,占规模以上工业比重分别为 28.1%、39.5%、31.6%。

(4)企业

● 江西共有 7 家企业上榜"2023 中国企业 500 强":江西铜业集团有限公司(排名 52)、晶科能源控股有限公司(排名

229)、新余钢铁集团有限公司（排名248)、江铃汽车集团有限公司（排名249)、双胞胎（集团）股份有限公司（排名287)、南昌市政公用集团有限公司（排名388)、江西省投资集团有限公司（排名477)。

● 江西共有8家企业进入"2023中国制造业企业500强"榜单:江铜集团、晶科能源、新余钢铁集团、江铃汽车集团、双胞胎集团、鹰潭胜华金属、景德镇黑猫集团和泰豪集团。

● 江西共有8家企业进入"2023中国服务业企业500强"榜单:南昌市政公用集团、江西省投资集团、江西银行、九江银行、江西绿滋肴、赣州银行、江西省金控集团和赣州发展投资控股集团。

● 晶科能源和江铃汽车集团入围"2023中国战略性新兴产业领军企业100强"榜单。

● 晶科能源上榜"2023 中国大企业创新
100 强"。

● "2023 江西企业 100 强"前十位(以营业
收入排位):江西铜业集团有限公司、晶
科能源控股有限公司、江西方大钢铁集
团有限公司、新余钢铁集团有限公司、江
铃汽车集团有限公司、双胞胎(集团)股
份有限公司、南昌市政公用集团有限公
司、中国石油化工股份有限公司九江分
公司、江西省投资集团有限公司、江西省
建工集团有限责任公司。

◆ 52 家企业进入"百亿俱乐部",比上年净
增 2 家。

◆ 千亿级企业达到 5 家,分别为江西铜业、
晶科能源、方大特钢、新钢集团和江铃汽
车集团。江西铜业集团更是突破 5000
亿规模的大关,成为江西首个 5000 亿级
企业。

◆ 百强企业以制造业为主,企业数量占比

近七成,营收占比近八成。国有企业34家;民营企业66家。

●2023 江西民营企业 100 强榜单前十位:晶科能源控股有限公司、江西方大钢铁集团有限公司、双胞胎(集团)股份有限公司、江西赣锋锂业集团股份有限公司、南昌华勤电子科技有限公司、中大控股集团有限公司、江西济民可信集团有限公司、江西鑫润航达供应链管理有限公司、鹰潭胜华金属有限责任公司、江西立讯智造有限公司。

●2023 江西制造业民营企业 100 强榜单前十位:晶科能源控股有限公司、江西方大钢铁集团有限公司、双胞胎(集团)股份有限公司、江西赣锋锂业集团股份有限公司、南昌华勤电子科技有限公司、江西济民可信集团有限公司、鹰潭胜华金属有限责任公司、江西立讯智造有限公司、九江天赐高新材料有限公司、泰豪集团有限公司。

● 2023 江西服务业民营企业 20 强榜单前五位:江西鑫润航达供应链管理有限公司、绿滋肴控股集团有限公司、江西省江天农博城发展有限公司、华宏汽车集团股份有限公司、江西汇仁医药贸易有限公司。

(5)开发区

● 开发区工业增加值增长 9.7%,实现营业收入 38122.1 亿元,增长 3.8%;实现利润总额 1877.0 亿元,下降 12.5%。

● 营业收入超千亿元的开发区有 6 个。

● 全省开发区投产工业企业 18045 家,比上年增加 1228 家。

4. 建筑业和房地产

● 全年建筑业增加值 2531.7 亿元,比上年增长 1.5%。

● 具有资质等级的总承包和专业承包建筑业企业 7177 家,比上年增加 1238 家。

● 全年房地产开发投资比上年下降 7.1%。

◆ 住宅投资下降 5.7%。

◆ 办公楼投资增长 5.1%。

◆ 商业营业用房投资下降 23.1%。

● 商品房销售面积 3432.9 万平方米,下降 20.9%。

◆ 住宅销售面积 2911.1 万平方米,下降 21.6%。

● 商品房销售额 2482.4 亿元,下降 20.6%。

◆ 住宅销售额 2100.7 亿元,下降 21.2%。

● 年末商品房待售面积 750.6 万平方米,比上年末增长 5.2%。

◆ 住宅待售面积 372.0 万平方米,下降 0.4%。

5. 服务业

(1) 交通

● 全年货物运输总量 209408.1 万吨,比上年增长 6.3%。

● 货物运输周转量 5344.8 亿吨公里,增长 4.4%。

● 南昌港完成货物吞吐量 4550.9 万吨,增长 61.2%;完成集装箱吞吐量 12.3 万标准箱,增长 5.5%。

● 九江港完成货物吞吐量 2.0 亿吨,增长 11.2%;完成集装箱吞吐量 87.4 万标准箱,增长 13.6%。

● 全年旅客运输量 26136.2 万人,比上年增长 54.7%。

● 旅客运输周转量 832.7 亿人公里,增长 82.8%。

● 年末公路通车里程 21.0 万公里。

◆ 高速公路通车里程 6742 公里。

● 铁路营业里程 5023.8 公里。

● 年末全省民用汽车保有量 803.1 万辆,比上年增长 5.5%。

● 民用轿车保有量 470.3 万辆,增长 6.5%。

◆ 私人轿车 454.7 万辆,增长 6.4%。

(2)邮电

● 全年完成邮政业务总量 290.6 亿元,比上年增长 19.3%。

◆ 完成邮政函件业务 730.7 万件,增长 3.5%。

◆ 包裹业务 81.1 万件,增长 119.9%。

● 快递业务量 22.8 亿件,增长 25.1%。

● 快递业务收入 186.8 亿元,增长 15.5%。

● 全年完成电信业务总量 458.2 亿元,比上年增长 19.8%。

● 年末移动通信基站数 34.6 万个。

◆5G 基站 10.6 万个,占比 30.6%。

● 移动电话用户 4814.9 万户,增长 2.6%。

● 移动电话普及率为 106.6 部/百人。

◆5G 移动电话用户有 2281.9 万户,占移动电话用户数比重为 47.4%,提高 13.3 个百分点

● 固定互联网宽带接入用户 2091.3 万户,增长 6.8%。

◆ 千兆宽带用户有 536.2 万户,增长 75.0%。

(3) 商贸物流

● 全年社会消费品零售总额 13659.8 亿

元,比上年增长 6.3%。

● 城镇消费品零售额 11475.1 亿元,增长 6.1%。

◆ 城区消费品零售额 6758.8 亿元,增长 4.5%。

◆ 乡村消费品零售额 2184.6 亿元,增长 7.1%。

● 商品零售额 12126.0 亿元,增长 5.2%。

● 餐饮收入 1533.7 亿元,增长 15.9%。

● 限额以上单位消费品零售额 4999.4 亿元,增长 2.2%。

● 网上零售额 3107.6 亿元,增长 13.8%。

◆ 实物商品网上零售额 2734.5 亿元,增长 11.8%。

● 全年限额以上单位商品零售额中,粮油、食品类零售额比上年增长 5.4%。

● 饮料类增长 2.6%。

● 烟酒类增长 1.0%。

● 服装、鞋帽、针纺织品类增长 16.0%。

- 化妆品类下降 37.4%。

- 金银珠宝类下降 5.7%。

- 日用品类增长 3.3%。

- 家用电器和音像器材类增长 13.3%。

- 中西药品类增长 3.2%。

- 文化办公用品类下降 8.5%。

- 家具类增长 6.2%。

- 通讯器材类增长 6.5%。

- 石油及制品类增长 8.9%。

- 建筑及装潢材料类增长 4.0%。

- 机电产品及设备类增长 5.9%。

- 汽车类下降 6.6%。

(4) 金融证券

- 年末金融机构本外币各项存款余额
  58037.9 亿元, 比上年末增长 9.2%。

- 年末金融机构本外币各项贷款余额
  58049.2 亿元, 比上年末增长 10.0%。

- 年末境内证券市场共有上市公司 88 家。

- 辖区内证券公司 2 家, 分公司 58 家, 证券营业部 292 家;期货公司 1 家,分公司 12 家,期货营业部 21 家。

(5)保险

● 全年保险公司原保险保费收入 1007.7 亿元,比上年增长 3.6%。

◆ 财产险保费收入 327.5 亿元。

◆ 寿险保费收入 486.7 亿元。

◆ 健康险保费收入 174.8 亿元。

◆ 人身意外伤害险保费收入 18.7 亿元。

● 支付各类赔款及给付 411.5 亿元。

◆ 财产险赔付 218.1 亿元。

◆ 寿险赔付 85.8 亿元。

◆ 健康险赔付 99.9 亿元。

◆ 人身意外伤害险赔付 7.6 亿元。

6. 能源

● 全年规模以上工业生产原煤 219.4 万吨,比上年增长 11.4%。

● 原油加工量 766.5 万吨,增长 6.6%。

● 发电量 1671.0 亿千瓦时,增长 4.6%。

7. 贸易

● 全年货物贸易进出口总值 5697.7 亿元，比上年下降 10.2%。

◆ 出口值 3928.5 亿元，下降 17.3%。

◆ 进口值 1769.2 亿元，增长 11.1%。

◆ 一般贸易出口值 3180.9 亿元，下降 19.8%。

◆ 一般贸易进口值 1022.7 亿元，增长 9.6%。

◆ 加工贸易出口值 701.3 亿元，增长 0.6%。

◆ 加工贸易进口值 648.6 亿元，增长 17.6%。

◆ 机电产品出口值 2020.8 亿元，下降 5.6%。

◆ 机电产品进口值 696.1 亿元，增长 5.7%。

◆ 高新技术产品出口值 1113.8 亿元，下降 1.3%。

◆ 高新技术产品进口值 450.7 亿元，下降 20.8%。

● 对共建"一带一路"国家进出口 2727.7 亿元，占比 47.9%，同比提升 0.8 个百分点。

● 全年新设外商直接投资企业 401 家，比上年减少 268 家。

●实际使用外商直接投资金额 12.8 亿美元,下降 41.1%。

●利用省外项目实际进资 10896.7 亿元,增长 4.5%。

三、社会建设

1. 就业形势

● 全年城镇新增就业 46.1 万人,完成年计划的 112.3%。

● 新增转移农村劳动力 55.7 万人。

● 失业人员再就业 15.4 万人。

● 就业困难人员就业 5.1 万人。

2. 城乡建设

● 昌景黄高铁通车、成为全国首个所有设区市通时速 350 公里高铁的省份。

● 共青城通用机场通航。

● 打造覆盖全省农村人口的防止返贫监测帮扶系统。

● 构建耕地保护"1 + N"政策体系,新建高标准农田 290 万亩。

- 新创建70个中国传统村落、增量居全国第1。
- 全省城市建成区绿地率、绿化覆盖率居全国前列。
- 新(改)建农村卫生厕所30万个。
- 在全国率先开展革命文物保护利用示范县创建。
- 海昏侯国遗址公园列入国家考古遗址公园。
- 景德镇国家陶瓷文化传承创新试验区建设加快推进。
- 南昌市高铁东站、南站,杭昌高铁黄昌段正式投入运行。
- 南昌市城市更新五年规划被住建部列入实施城市更新行动可复制经验做法清单。
- 万寿宫历史文化街区获评国家级旅游休闲街区。
- 李渡元代烧酒作坊遗址入选国家工业旅

游示范基地。

● 南昌 VR 主题乐园入选全国首批、全省唯一智慧旅游沉浸式体验新空间培育试点名单。

● 南昌成为新晋"网红"热门城市,入选"中国十大旅游目的地必去城市",知名度、美誉度、影响力持续上升。

● 九江市柴桑区公园社区、濂溪区仪表厂社区入选全国首批完整社区建设试点,公园社区入选全国首批十大完整社区建设案例。

● 九江市成功入选国家综合型流通支点城市、央视《文脉春秋》首批选题城市。

● 武宁县入选全国"五好两宜"和美乡村试点试验名单。

● 柴桑区农村人居环境"万村码上通"5G＋长效管护工作入选全国农村公共服务典型案例。

● 景德镇市入选第二批国家文物保护利用

示范区创建名单。

●景德镇市古陶瓷基因库列入全国首批文物事业高质量发展案例。

●御窑博物馆获评全国最具创新力博物馆。

●"向世界讲述瓷都故事"入选中国城市国际传播示范案例,文化魅力不断彰显。

●萍乡市获批全国一刻钟便民生活圈试点城市。

●鹰潭市荣获"中国美丽城市典范"称号。

●贵溪市成功创建国家乡村振兴示范县、全国农产品质量安全县(市)。

●章贡区连续两年获评全国百强区。

●靖安县入选全国村庄清洁行动先进县。

●奉新县获评国家"绿水青山就是金山银山"实践创新基地。

●上饶市成功创建国家公交都市建设示范城市。

●婺源县入选全国传统村落集中连片保护

利用示范县。

● 横峰县、婺源县、德兴市获评全国自然资源节约集约示范县(市)。

● 青原区获评全国休闲农业重点县。

● 永丰县成功创建全国主要农作物全程机械化示范县。

● 井冈山市获批创建国家乡村振兴示范县。

● 抚州市举办首届中国(抚州)诗歌之城论坛、第二届全国高腔优秀剧目展演。

● 东乡区获批创建国家乡村振兴示范县。

3. 居民生活

● 全年居民人均可支配收入 34242 元,比上年增长 5.6%。

◆ 按常住地分,城镇居民人均可支配收入 45554 元,增长 4.2%;农村居民人均可支配收入 21358 元,增长 7.1%。

◆ 城乡居民人均可支配收入比值为 2.13,比上年缩小 0.06。

● 全年居民人均消费支出 23379 元, 比上年增长 7.7%。

◆ 按常住地分, 城镇居民人均消费支出 27733 元, 增长 6.8%; 农村居民人均消费支出 18421 元, 增长 8.5%。

◆ 全省居民恩格尔系数为 31.9%, 其中城镇为 31.1%, 农村为 33.3%。

● 全年居民消费价格比上年上涨 0.3%。

4. 保险保障

● 年末参加城镇职工基本养老保险人数 1435.6 万人, 比上年末增加 73.6 万人。

● 参加城乡居民基本养老保险人数 1951.5 万人, 减少 129.6 万人。

● 参加基本医疗保险人数 4527.4 万人。

◆ 其中, 参加职工基本医疗保险人数 642.3 万人, 参加城乡居民基本医疗保险人数 3885.1 万人。

● 参加失业保险人数 402.6 万人, 增加 45.1 万人。

● 领取失业保险金人数 7.1 万人。

● 参加工伤保险人数 593.4 万人,增加 35.3 万人。

● 参加生育保险人数 412.3 万人,增加 8.4 万人。

● 城市居民纳入最低生活保障人数 28.4 万人。

● 农村居民纳入最低生活保障人数 147.4 万人。

● 农村居民纳入特困供养人数 12.7 万人。

● 全年临时救助 18.2 万人次。

● 年末共有提供住宿的社会服务机构 1869 个,床位 18.9 万张。

◆ 其中养老床位 18.5 万张;收养人数 9.2 万人。

● 社区综合服务机构和设施总数 2.3 万个。

◆ 其中社区服务中心 1195 个。

● 改造提升乡镇敬老院 206 所。

● 完成特殊困难老年人家庭居家适老化改造1.6万户。

● 特困失能人员集中照护机构实现县域全覆盖。

● 全年销售社会福利彩票40.6亿元。

● 筹集福利彩票公益金12.4亿元,直接接受社会捐赠21.3亿元。

5. 科技教育

● 全年研究与试验发展(R&D)经费支出占GDP的比重预计为1.8%。

● 年末共有国家级重点实验室7个,省级重点实验室239个;国家工程(技术)研究中心8个,省工程(技术)研究中心335个。

● 全年授权专利6.0万件,每万人有效发明专利拥有量9.1件。

● 全年共签订技术合同17290项,技术市场合同成交金额1604.7亿元。

● 全年累计获省级检验检测机构资质认定

的机构 2104 个。

◆其中,国家产品质量监督检验中心 10 个,法定计量技术机构 347 个。全年强制检定计量器具 168.9 万台(件)。

●获得 CCC 认证证书的企业 775 家,获得 CCC 认证证书 6097 张。

●发放自愿性产品认证证书 2.0 万张,发放省级工业产品生产许可证 973 张。

●测绘部门为经济社会发展提供各种基本比例尺地形图 4592 幅,测绘基准成果 695 点,遥感影像成果 3234.4 万平方公里。

●年末共有普通高等学校(含普通、职业本专科)109 所,普通高中 568 所,中等职业学校 272 所,初中阶段学校 2249 所,小学 5830 所。

●民办学校 6665 所。特殊教育在校生 3.8 万人。

●学前教育在园幼儿 132.4 万人。

● 高中阶段毛入学率为 93.9% ,普通高考录取率为 78.1% 。

● 新增公办幼儿园位 9.18 万个、义务教育学位 27.4 万个。

● 获批设置江西飞行学院,新设 2 所技师学院。

● 每千人口托位数 4.17 个。

6. 文化旅游

● 年末共有公有制艺术表演团体 81 个,文化馆 116 个,公共图书馆 114 个,博物馆 201 个。

● 广播电视播出机构 96 个。

● 有线电视实际用户 583.2 万户。

◆ 其中有线数字电视实际用户 536.6 万户。

● 广播综合人口覆盖率 99.6% ,电视综合人口覆盖率 99.8% 。

● 全年出版各类报纸 62 种、期刊 165 种、图书 11186 种,出版各类报纸 51797 万份、期刊 6542 万册、图书 34673 万册。

● 全年旅游接待总人数 81827.8 万人次，比上年增长 24.9%；旅游总收入 9668.0 亿元，增长 67.9%。

7. 卫生体育

● 年末共有各类医疗卫生机构（含村卫生室）40120 个。

◆ 其中，医院、卫生院 2746 个，社区卫生服务中心（站）707 个，妇幼保健院（所、站）116 个，专科疾病防治院（所、站）83 个，疾病预防控制中心 156 个，卫生监督所（中心）105 个。

● 卫生机构人员 43.7 万人，其中卫生技术人员 35.8 万人。

● 注册护士 16.8 万人。医院、卫生院床位数 31.4 万张。

● 82 个县（市、区）组建紧密型县域医共体。

● 年末国家级青少年俱乐部有 145 个，省级青少年俱乐部有 61 个。

●青少年户外活动营地 5 个。

●国家级体育传统项目学校 15 所,省级体育传统项目学校 237 所,省级单项体育后备人才基地 48 个。

●在国际和国内的重大比赛中共获得 83 枚金牌、75 枚银牌和 109 枚铜牌。

●赣鄱健儿在杭州亚运会上收获 11 金 1 银 2 铜,创造了金牌数、奖牌数新纪录。

四、生态文明

1. 绿化

●2023 年全省共有 2485.7 万人次参加义务植树(含各种形式植树活动),累计植树 11394.6 万株(含折算株数),义务植树尽责率 89.8%。

●全省完成营造林任务 379.74 万亩,占国家下达计划的 116.4%,其中人工造林 138.06 万亩,封山育林 52.82 万亩,退化林修复(低产低效林改造)188.86 万亩,分别占国家下达计划的 126.8%、103.1%和 113.7%。

●我省被列为全国森林可持续经营试点重点省,全省 19 个县(市、区)精心组织实施试点工作,崇义县"人工杉木林大径材复层林择伐经营模式"等 14 个示范模式案例在全国推广。

●全省完成重点区域生态保护与修复专项营造林面积 33.52 万亩。

●全省完成鄱阳湖周边沙化土地治理面积 3.12 万亩,瑞昌市实施石漠化土地治理面积 0.97 万亩。

●全省住房和城乡建设部门统筹推进城市绿地提质增量,新建城市绿地 14175 亩,改造提升城市绿地 5505 亩;新建"口袋公园"268 个,建设面积 1785 亩;新增城市绿道 313 公里,累计 4219 公里;新增 19 个城市(县城)和 58 个建制镇进入省级生态园林城市(镇)行列。

●全省自然资源部门持续开展矿山生态保护修复,安排省级财政资金治理历史遗留废弃矿山面积 1 万余亩。

●全省生态环境部门积极推进大型活动或会议碳中和,使用林业碳汇中和碳排放

1.04 万吨,成交金额 31.3 万元。

● 全省农业农村部门支持 1.1 万个自然村开展村庄整治建设,全年累计植树 37.3 万株,打造美丽庭院 121 万个。

● 全省水利部门全面推进生态清洁小流域建设,国家水土保持重点工程共完成水土流失治理面积 30.88 万亩,全省新增治理水土流失面积 205.46 万亩,水土保持率达 86.36%。

● 全省教育部门组织学校开展植树造林和养护管理,全省 105 所高校现有绿化面积达 4.11 万亩,比上年增加 0.26 万亩。

● 全省科技部门围绕资源环境、生态修复、碳达峰碳中和开展研发攻关,实施"弃土微结构靶向改造关键技术及工程裸露面生态修复应用示范"等 2 个重大专项、13 个重点研发计划。

● 共青团江西省委持续推进青少年植绿护绿工作,组织团员青年植树 4.5 万余株。

● 我省已创建国家森林城市的 11 个设区市和 2 个县积极巩固拓展建设成果,22 个县(市)积极申报国家森林城市。

● 认真学习借鉴"千万工程"经验,深入推进乡村绿化美化,制定印发《江西省"十四五"乡村绿化美化实施方案》,启动实施 100 个"百村千树"乡村绿化美化项目建设,批准建设乡村森林公园 534 个,完成验收命名 493 个。

● 充分发挥林长制作用,压实各级林长责任,全面加强古树名木保护管理。

● 完成第三次古树名木普查,全省列入保护古树名木数量达 16 万余株。

● 指导万年县稳步开展全国林业碳汇试点工作,分类推进 11 个森林固碳增汇、13 个 CCER 林业碳汇开发、5 个林业碳汇监测、3 个林业碳中和省级试点工作,取得积极进展。

● 武宁县"乡村林碳"、崇义县"康氧林碳"

项目通过赣林碳抵消平台累计交易林业碳汇 1668.7 吨,成交金额 8.34 万元,为加快建立我省林业碳汇价值实现机制作出了有益探索。

● 新增省级森林康养基地 30 个,中国林业产业联合会认定我省国家级全域森林康养试点建设县 1 个、国家级森林康养试点建设基地 6 个、中国森林康养人家 1 个。

● 发现九连山报春苣苔等 4 个世界新物种,新授权林业植物新品种 3 个。

● 全省森林覆盖率稳定在 63.1% 以上、保持全国第 2。

2. 节能减排

● 全省空气优良天数比率 96.5%,比上年提升 4.4 个百分点;PM2.5 平均浓度 29 微克/立方米,11 个设区市空气质量连续 2 年全部达到国家二级标准。

● 全年规模以上工业综合能源消费量

7086.5 万吨标准煤,比上年增长 6.9%；万元规模以上工业增加值能耗增长 1.4%。

● 节能环保支出 250.3 亿元,增长 5.3%。

● 全省单位 GDP 能耗持续处于全国优秀水平,能耗产出效益指数达到 1.3、保持全国第一方阵,可再生能源发电项目装机容量占比突破 50%、达 53.6%。

● 统筹推进"五河两岸一湖一江"系统治理,持续加大鄱阳湖总磷污染控制与削减专项行动推进力度,湖区总磷浓度下降 6.3%。

● 全省生活污水集中收集率提升 10.23 个百分点,厨余垃圾处理设施实现设区市中心城区全覆盖,城市生活垃圾分类工作评估列中部第 2 位。

● 全省新增新能源发电项目装机容量 812.65 万千瓦,可再生能源和非水可再生能源电量消纳权重均高于国家考核激励目标,首批建设 3 个源网荷储一体化示范项目,92 个县(市、区)用上管输天然气。

●新增国家级绿色园区 8 家,居全国第 3 位。

●景德镇成功创建全省首个国家节水型城市,国家级水效领跑者实现企业、园区"零的突破",九江、萍乡成功列入国家低效用地再开发试点。

●铜、铅、锌冶炼产品能效领跑全国,新钢集团获批"双碳最佳实践能效标杆示范厂培育企业"。

●列入国家规范公告名单的废旧动力电池回收利用企业数量居全国第 2 位,9 大类再生资源回收量增长 52% 以上。

●新增及更换公交车、出租车(含网约车)中新能源车占比分别达 92.3%、89.34%。

3. 秀美江西

● 全省地表水国考断面水质优良比例为97%；长江干流10个断面连续6年、赣江干流33个断面连续3年保持Ⅱ类水质；鄱阳湖总磷浓度为0.059mg/L，比上年下降6.3%；县级及以上城市集中式饮用水水源水质达标率为100%。

● 在全国生态日主场活动、全国生态产品价值实现机制现场会推介我省生态文明建设经验做法。

● 婺源生态资源保护利用助力乡村振兴得到习近平总书记点赞。

● 上饶望仙谷"两山转化"、大余丫山"点绿成金"、铜鼓竹木产业发展、赣县崩岗治理生态修复、长江江豚保护等典型经验在全国推广。

● 2株古树被选为中央广播电视总台文艺节目中心在七夕节期间开展的"古树下的告白"活动线上宣传古树（全国共17

株),5 株古树、3 个古树群入选全国"双百"古树。

● 成功举办首届林长制论坛,上线林长制数字管理平台,制定全国首个林长制省级地方标准《林长制工作规范》,我省荣获全国林长制考核"优秀省份",抚州市林长制工作荣获国务院督查激励,武宁县罗坪镇长水村被认定为全国首个林长制现场教学基地。

● 完善《江西省自然保护地整合优化工作方案》,武夷山国家公园总体规划获国家林草局正式批复,与湖南省建立省际协调机制,完成井冈山国家公园综合科考,武功山地质公园创建世界地质公园通过联合国教科文组织专家组实地评估。

● 庐山植物园纳入国家植物园候选园名单,朱鹮种群重建工作正式启动,完成《江西树木志》编纂和林业外来物种普查。

●推动鄱阳县率先在全国挂牌天猫超市茶油直采基地,成功争取中央首批油茶产业发展示范奖补项目落户吉安市。

●举办第十二届中国竹文化节、中国(乐安)第二届竹笋产业高质量发展经验交流会等活动,支持安福县、万安县、贵溪市等地推进竹产业园区建设,打造竹产业创新发展平台。

●成功举办第三届鄱阳湖国际观鸟季活动、第六届中国森林康养产业发展大会、2023年江西森林旅游节。

五、党的建设

1. 基本情况

截至 2022 年 12 月 31 日,全省中国共产党党员总数为 237.8 万名,比 2021 年底净增 2.6 万名,增幅为 1.1%。

全省现有中国共产党基层组织 11.8 万个,比 2021 年底净增 0.3 万个,增幅为 2.9%。其中基层党委 0.7 万个,总支部 0.7 万个,支部 10.4 万个。

(1)党员队伍情况

●党员的性别、民族和学历。女党员 55.9 万名,占党员总数的 23.5%。少数民族党员 1.1 万名,占 0.5%。大专及以上学历党员 110.0 万名,占 46.2%。

●党员的年龄。30 岁及以下党员 32.3 万名,31 至 35 岁党员 25.8 万名,36 至 40 岁党员 22.7 万名,41 至 45 岁党员 21.9 万名,46 至 50 岁党员 22.9 万名,51 至 55 岁党员 22.4 万名,56 至 60 岁党员 22.9 万名,61 岁及以上党员 67.0 万名。

● 党员的入党时间。新中国成立前入党的 0.1 万名,新中国成立后至党的十一届三中全会前入党的 42.1 万名,党的十一届三中全会后至党的十八大前入党的 142.2 万名,党的十八大以来入党的 53.4 万名。

● 党员的职业。工人(工勤技能人员)11.4 万名,农牧渔民 82.2 万名,企事业单位、社会组织专业技术人员 31.2 万名,企事业单位、社会组织管理人员 22.6 万名,党政机关工作人员 23.4 万名,学生 6.7 万名,其他职业人员 18.7 万名,离退休人员 41.7 万名。

(2)发展党员情况

● 2022 年全省共发展党员 6.4 万名。

◆发展党员的性别、民族、年龄和学历。发展女党员 2.9 万名,占 45.5%。发展少数民族党员 0.1 万名,占 1.2%。发展 35 岁及以下党员 5.3 万名,占 82.3%。发展具有大专及以上学历的党员 3.0 万名,占 46.6%。

◆发展党员的职业。工人(工勤技能人员)0.2 万名,农牧渔民 1.5 万名,企事业单位、社会组织专业技术人员 0.8 万名,企事业单位、社会组织管理人员 0.7 万名,党政机关工作人员 0.4 万名,学生 2.6 万名,其他职业人员 0.3 万名。在生产、工作一线发展党员 3.7 万名。

(3)党内表彰情况

●2022 年全省各级党组织共表彰先进基层党组织 0.2 万个,表彰优秀共产党员 1.3 万名,表彰优秀党务工作者 0.4 万名。"光荣在党 50 年"纪念章颁发工作转入常态化,全年颁发 3.5 万枚。

(4)申请入党情况

●截至 2022 年底,全省入党申请人 93.7 万名,入党积极分子 27.3 万名。

(5)党组织情况

●党的地方委员会。全省共有党的各级地方委员会 112 个。

◆其中,省委 1 个,市委 11 个,县(市、区)委 100 个。

●城市街道、乡镇、社区(居委会)、行政村党组织。全省 185 个城市街道、1392 个乡镇、4294 个社区(居委会)、16989 个行政村已建立党组织,覆盖率均超过 99.9%。

●机关、事业单位、企业和社会组织党组织。全省共有机关基层党组织 2.4 万个,事业单位基层党组织 2.7 万个,企业基层党组织 2.5 万个,社会组织基层党组织 0.5 万个,基本实现应建尽建。

2. 党风廉政建设

● 坚持不懈用党的创新理论凝心铸魂。把学习贯彻习近平新时代中国特色社会主义思想特别是党的自我革命的重要思想,作为纪检监察干部教育培训主题主线,在深化、内化、转化上持续用力。深入学习贯彻习近平总书记考察江西重要讲话精神,跟进学习习近平总书记重要讲话、重要指示批示精神,保持高度的政治敏锐性,不断提高政治判断力、政治领悟力、政治执行力。自觉从党的创新理论中找理念、找思路、找方法、找举措,不断把学习成果转化为正风肃纪反腐的实际成效。

● 突出"两个维护"深化政治监督。把严明党的政治纪律和政治规矩摆在突出位置,聚焦政治忠诚、政治安全、政治责任、政治立场、党内政治生活,及时发现、着力解决"七个有之"问题,及时消除政治隐患。把监督重点放在推动各级党委（党组）和领导干部特别是"一把手"担当领导责任上，督促站稳人民立场。紧紧围绕习近平总书记重要指示批示和党中央大政方针加强政治监督，常态化开展落实情况"回头看"，确保贯彻落实成效。聚焦习近平总书记考察江西重要讲话精神，牢记"走在前、勇争先、善作为"目标要求，围绕贯彻新发展理念、构建新发展格局、推动高质量发展，紧盯长江经济带高质量发展、生态环保、乡村振兴、耕地保护等党中央重大决策以及省委打造"三大高地"、实施"五大战略"部署加强监督检查，推动把"两个维护"体现在实际行动上。

● 不断提升一体推进"三不腐"效能。强化反腐败高压态势，持续发力、纵深推进，把严惩政商勾连的腐败作为攻坚战重中之重，深化整治金融、国企、能源、教育、医药、开发区、基建工程、招投标和营商环境等领域腐败问题,坚决惩治群众身边腐败问题,强化跨境腐败治理工作。深化统筹做好查办案件"前后半篇文章",强化以案促改促治,推动重点领域体制机制改革。强化正反两方面教育,加强新时代廉洁文化建设,用好用活江西红色资源,注重家庭家教家风建设,推动形成廉荣贪耻的社会氛围。强化受贿行贿一起查,完善对重点行贿人的联合惩戒机制,严惩政治骗子。强化完善反腐败工具箱,继续加大审计等移送问题线索查处力度,建立腐败预警惩治联动机制,加大对新型腐败和隐性腐败的甄别和查处力度。

● 持续加固中央八项规定堤坝。持续整治违规吃喝收礼、与商人老板亲清不分、上下级关系庸俗变味等突出问题。健全风腐同查同治工作机制,既"由风查腐",

又"由腐纠风"。坚决破除特权思想和特权行为，督促各级领导干部特别是"一把手"，带头反"四风"、反特权。紧盯影响高质量发展的不作为乱作为、加重基层负担、权力观扭曲和政绩观错位现象，完善细化对形式主义、官僚主义的惩戒机制。

● 突出严的基调深化党的纪律建设。深入学习习近平总书记关于党的纪律建设的重要论述，学习贯彻新修订的纪律处分条例，认真开展党纪学习教育，推动党员干部把遵规守纪刻印在心。加强常态化政治谈话。以规范运用"四种形态"为导向严格纪律执行，推动精准定性量纪执法。把从严管理监督和鼓励担当作为统一起来，落实"三个区分开来"，依法依规严肃查处诬告陷害行为。完善问责制度。

● 更好发挥巡视综合监督作用。深化政治

巡视,聚焦权力和责任,紧盯"一把手"和领导班子,深入查找政治偏差。认真学习贯彻巡视工作条例,加强分类指导和督促检查。高质量推进巡视巡察全覆盖。完善巡视巡察工作格局,深化落实进一步推进市县巡察工作高质量发展的意见,巩固提升对村(社区)巡察质效。强化巡视整改和成果运用。推进巡视巡察信息化建设。

● 深化纪检监察队伍自身建设。省纪委常委会带头加强自身建设,带动全省纪检监察机关做自我革命的表率、遵规守纪的标杆。深入开展政治教育,始终做到绝对忠诚、绝对可靠、绝对纯洁。保持战略定力、坚定斗争意志,严格依规依纪依法履职。统筹推进全省纪检监察干部一体化培养,做细做实对干部的经常性监督,坚持刀刃向内清除害群之马,坚决防治"灯下黑"。

3. 红色基因传承

● 作为长征之源，江西高站位部署、高规格推进长征文化公园江西段建设，全省 19 个县（区）纳入长征国家文化公园江西段重点建设区、38 个县（区）纳入拓展建设区。放眼江西，如今革命旧址、纪念馆已成为红色基因传承的重要窗口：中华钨矿公司旧址入选全国职工爱国主义教育基地，中央红军长征出发地纪念园、位于新余市渝水区的上海劳动妇女战地服务团旧址入选全国妇女爱国主义教育基地；江西省爱国主义教育基地数字展馆自 2020 年 7 月开放以来，截至目前，访问量累计达 2.08 亿次。

● 作为全国红色旅游首倡地，江西坚持以文塑旅、以旅彰文，不断推动红色旅游从"强资源"到"强品牌"、从"强参观"到"强体验"、从"强景区"到"强目的地"的转变。2021 年 6 月，全国首条红色旅游专列（井冈山至韶山）开通。开通以来，两省互送学员 1.12 万人次，促进了湘赣边区域红色文化资源开发利用和区域融合发展。2023 年 12 月，以"新长征 再出发"为主题的中国红色旅游博览会在于都县举行，通过系列活动引导社会各界追寻红色足迹、聆听红色故事、传播红色文化，推动红色旅游高质量发展。

● 以开放的姿态进行系列课题研究，设立《八一南昌起义革命历史研究》等 10 项"红色历史"课题和《中国共产党全过程人民民主的苏区实践及历史经验研究》等 9 项"红色溯源"专项课题，委托知名专家学者领衔开展研究。高质量系列座谈研讨活动不断，举办纪念毛泽东同志诞辰 130 周年座谈会、纪念井冈山胜利会师 95 周年全国理论研讨会、安源路矿工人俱乐部裁判委员会成立 100 周年学术研讨会、红色基因传承高端论坛等重大学术活动。建好"理响江西"宣讲云平台,建强省市县乡村五级宣讲队伍,"全国千支大学生志愿宣讲团"635 所高校、1650 支队伍数万次宣讲井冈山精神,弋阳"可爱的中国"宣讲团被评为全国基层理论宣讲先进集体。举办"核心价值观百场讲坛""红色基因传承示范校""红色故事我来讲""红色文化 IP 设计大赛"等宣讲活动,打造《红土魂》《理想照耀中国》《青春里的歌》等精品思政课程。

● 12 月 14 日,2023 年红色基因传承高端论坛在南昌举行。本次论坛主题为"红色文化与中华民族现代文明",由中国社会科学院当代中国研究所、江西省委宣传部、全国红色基因传承研究中心主办,来自全国相关领域的专家学者共 150 余人参加会议。

● 10 月 20 日,"传承红色基因 铸就时代新功——赣州市红色文化宣传教育月"活动启动仪式在江西省赣州市兴国县将军广场举行。此次活动由中共赣州市委宣传部、赣州市红色资源保护发展中心主办。活动以"传承红色基因 铸就时代新功"为主题,全面展示赣州贯彻落实习近平总书记关于"深入推进红色基因传承"的重要指示精神,奋力建设全国红色基因传承示范区,持续推进红色基因代代相传取得的成效和经验。

● 7月20日,全国红色基因传承示范区建设推进会在南昌召开。省委常委、省委宣传部部长庄兆林出席并讲话。副省长陈敏主持。赣州、吉安、抚州市委宣传部和省教育厅、省文旅厅、全国红色基因传承研究中心负责人先后发言。

● 6月12日,中央广播电视总台红色基因传承实践基地在吉安市挂牌成立。根据中央广播电视总台与江西省人民政府签署战略合作框架协议,双方将在推进中央广播电视总台江西总站建设等方面开展多层次、全方位的战略合作。红色基因传承实践基地挂牌成立,正是落实战略合作框架协议的重要内容。

发展格局篇

一、各设区市
经济社会发展比较

1. 近三年各市生产总值及增长率

地区	生产总值(亿元)			生产总值增长率(%)		
	2023 年	2022 年	2021 年	2023 年	2022 年	2021 年
全省	32200.0	32074.7	29827.8	4.1	4.7	8.9
南昌市	7212.9	7203.50	6650.53	3.5	4.1	8.7
景德镇市	1201.1	1192.19	1102.31	3.5	4.7	8.7
萍乡市	1151.7	1160.33	1108.30	3.0	2.0	8.3
九江市	3845.1	4026.60	3735.68	1.1	4.3	8.8
新余市	1261.9	1252.15	1154.60	2.5	4.8	8.6
鹰潭市	1282.2	1237.55	1143.92	7.0	4.9	9.3
赣州市	4606.2	4523.63	4169.37	5.3	5.2	9.1
吉安市	2735.1	2750.33	2525.65	3.7	5.1	8.5
宜春市	3467.5	3473.12	3191.28	3.7	5.3	8.9
抚州市	2034.9	1945.62	1794.55	6.3	5.0	8.0
上饶市	3401.6	3309.70	3043.49	6.7	5.1	9.0

注:地区生产总值按现价计算,增长速度按不变价格计算。

2. 近三年各市一般公共预算收入及增长率

地区	一般公共预算收入（亿元）			一般公共预算收入增长率(%)		
	2023 年	2022 年	2021 年	2023 年	2022 年	2021 年
全省	3060.0	2948.3	2812.3	3.8	4.8	12.15
南昌市	500.2	457.68	484.83	9.3	-5.6	0.2
景德镇市	90.3	94.00	101.49	-3.9	-7.4	1.4
萍乡市	112.2	107.11	108.63	4.8	-1.4	2.4
九江市	322.4	303.40	292.23	6.3	3.8	2.0
新余市	91.6	88.94	81.58	3.0	9.0	1.5
鹰潭市	108.6	100.28	92.61	8.3	8.3	4.3
赣州市	319.6	306.06	294.07	4.4	4.1	2.9
吉安市	204.8	190.87	181.91	7.3	4.9	2.0
宜春市	290.0	277.48	254.22	4.5	9.1	2.7
抚州市	141.6	136.42	131.87	3.8	3.5	1.2
上饶市	270.7	250.86	236.03	7.9	6.3	4.0

3. 近三年各市规模以上工业增加值增长率

地区	规模以上工业增加值增长率(%)		
	2023 年	2022 年	2021 年
全省	5.4	7.1	11.4
南昌市	4.0	6.0	11.4
景德镇市	5.4	8.4	10.9
萍乡市	3.8	-9.9	8.5
九江市	6.5	5.6	11.3
新余市	2.0	8.3	8.6
鹰潭市	13.0	8.3	12.2
赣州市	10.3	8.8	11.6
吉安市	4.6	8.8	11.6
宜春市	5.6	9.0	11.7
抚州市	14.6	8.5	8.1
上饶市	14.0	9.1	12

4.近三年各市社会消费品零售总额及增长率

地区	社会消费品零售总额(亿元)			社会消费品零售总额增长率(%)		
	2023 年	2022 年	2021 年	2023 年	2022 年	2021 年
全省	13660.0	12853.5	12206.69	6.3	5.3	17.7
南昌市	3202.4	3012.00	2878.74	6.3	4.6	17.4
景德镇市	606.1	573.06	548.17	5.8	4.5	17.2
萍乡市	438.5	410.64	389.78	6.8	5.4	17.3
九江市	1577.6	1485.96	1407.81	6.2	5.6	17.7
新余市	461.3	423.20	402.13	9.0	5.3	17.6
鹰潭市	456.8	423.22	405.22	7.9	4.4	18.1
赣州市	2223.9	2100.01	1987.68	5.9	5.7	18.0
吉安市	1171.6	1094.77	1035.23	7.0	5.8	18.3
宜春市	1173.0	1131.00	1071.52	3.7	5.6	17.8
抚州市	712.0	665.90	631.48	6.9	5.5	17.1
上饶市	1637.3	1533.7	1448.92	6.8	5.9	17.9

5. 近三年各市出口总额及外商直接投资实际使用金额

地区	出口总额(亿元)			外商直接投资实际使用金额(万美元)		
	2023 年	2022 年	2021 年	2023 年	2022 年	2021 年
全省	3928.53	4750.7	3666.4	127618	216619	1577777
南昌市	787.62	954.9	894.71	25106	41727	439506
景德镇市	102.88	170.9	82.67	3357	8824	27218
萍乡市	151.02	216.6	182.2	1794	4561	48503
九江市	485.47	800.1	514.16	19836	21402	272992
新余市	258.31	214.8	91.85	3679	2939	57794
鹰潭市	105.95	118.3	117.96	6802	6751	39482
赣州市	609.22	824.11	576.46	21187	37287	235099
吉安市	436.69	604.9	437.92	18119	28697	146400
宜春市	262.81	474.8	293.86	12015	34321	105481
抚州市	218.57	267.4	197.87	5802	6015	46970
上饶市	510.00	441.8	279.06	9921	24095	158332

6. 近三年各市城镇居民人均可支配收入及增长率

地区	城镇居民人均可支配收入(元)			城镇居民人均可支配收入增长率(%)		
	2023 年	2022 年	2021 年	2023 年	2022 年	2021 年
全省	45554	43697	41684	4.2	4.8	8.1
南昌市	54727	52622	50447	4.0	4.3	7.8
景德镇市	49528	47732	45648	3.8	4.6	8
萍乡市	46928	45278	43395	3.6	4.3	7.4
九江市	532407	45685	43658	3.7	4.6	8.2
新余市	49351	47574	45679	3.7	4.2	7.4
鹰潭市	45999	43836	42048	4.6	4.3	7.7
赣州市	44199	42231	40160	4.7	5.2	8.5
吉安市	46840	44965	42880	4.2	4.9	8.3
宜春市	43573	42038	39930	3.7	5.3	8.7
抚州市	43117	41360	39484	7.3	4.8	7.8
上饶市	47001	45037	42851	5.5	5.1	8.1

7. 近三年各市农村居民人均可支配收入及增长率

地区	农村居民人均可支配收入(元)			农村居民人均可支配收入增长率(%)		
	2023 年	2022 年	2021 年	2023 年	2022 年	2021 年
全省	21358	19936	18684	7.1	6.7	10
南昌市	25671	24218	22913	6.0	5.7	9.5
景德镇市	23863	22331	20996	6.9	6.4	8.8
萍乡市	25967	24279	22862	7.0	6.2	9.8
九江市	21495	20108	18838	6.9	6.7	10.5
新余市	25319	23859	22604	6.1	5.6	9.0
鹰潭市	23453	21892	20686	6.5	5.8	9.6
赣州市	17381	15900	14675	9.3	8.3	12.3
吉安市	21019	19588	18298	7.3	7.1	11.0
宜春市	21680	20366	19135	6.5	6.4	8.8
抚州市	21938	20436	19141	7.3	6.8	10.1
上饶市	20134	18736	17492	7.5	7.1	10.1

二、县(市、区)域经济

1. 总体情况

2023 年全省各县(市、区)国民经济指标具体数据见下页起横表。

指标\地区	生产总值（亿元）	全省排名	常住人口（万人）	全省排名	国土面积（平方公里）	全省排名	人均GDP（元）	全省排名	地方一般公共预算收入（亿元）	全省排名	社会消费品零售总额（亿元）	全省排名	城镇居民人均可支配收入（元）	全省排名	农民居民人均可支配收入（元）	全省排名	规模以上工业增加值增速（%）	全省排名
南昌县	1281.09	1	153.27	1	1811	42	103171	13	84.99	2	418.86	4	50595	11	28732	4	10.5	41
进贤县	363.92	24	64.79	22	1946	38	56046	65	23.25	22	154.42	28	46797	29	26334	8	5.8	70
安义县	142.31	78	26.95	71	660	83	52981	73	19.51	28	34.08	94	45070	34	23895	34	10.4	43
东湖区	502.34	14	41.89	38	25	100	119920	8	15.93	45	431.48	3	56429	2	-	-	-	-
西湖区	750.35	4	49.21	30	35	98	152545	2	24.26	20	445.74	2	56139	3	-	-	5.3	71
青云谱区	433.37	19	35.44	48	37	97	121265	7	13.80	59	329.10	8	54855	5	-	-	0.8	86
青山湖区	675.40	7	88.86	9	274	92	97572	14	16.55	41	318.15	9	55569	4	29252	2	1.5	84

续表

指标 / 地区	生产总值（亿元）	全省排名	常住人口（万人）	全省排名	国土面积（平方公里）	全省排名	人均GDP（元）	全省排名	地方一般公共预算收入（亿元）	全省排名	社会消费品零售总额（亿元）	全省排名	城镇居民人均可支配收入（元）	全省排名	农民居民人均可支配收入（元）	全省排名	规模以上工业增加值增速（%）	全省排名
新建区	390.40	21	131.04	2	2160	31	63508	46	34.09	9	196.43	18	49351	19	26061	10	3.9	74
红谷滩区	842.03	3	65.38	21	175	94	129717	6	34.88	8	341.54	7	56939	1	25869	11	0.8	87
乐平市	449.23	16	75.45	13	1983	36	58245	58	33.29	10	182.79	21	44560	39	22047	48	8.4	62
浮梁县	178.75	69	28.03	66	2851	11	63184	48	7.22	93	47.24	82	38950	71	23200	39	8.4	60
珠山区	279.97	38	38.57	43	111	96	71846	29	4.80	99	213.16	15	50156	15	-	-	8.4	59
昌江区	320.24	27	20.12	87	405	88	149256	3	6.94	94	139.54	33	49658	17	23126	41	8.4	61
安源区	285.22	35	40.06	40	186	93	71062	32	29.00	14	224.11	14	49400	18	29112	18	2.3	83

续表

指标 地区	生产总值（亿元）	全省排名	常住人口（万人）	全省排名	国土面积（平方公里）	全省排名	人均GDP（元）	全省排名	地方一般公共预算收入（亿元）	全省排名	社会消费品零售总额（亿元）	全省排名	城镇居民人均可支配收入（元）	全省排名	农民居民人均可支配收入（元）	全省排名	规模以上工业增加值增速（%）	全省排名
湘东区	164.04	73	30.41	58	857	81	53847	72	14.20	55	30.82	96	47503	23	26244	9	2.6	81
芦溪县	142.10	79	25.97	76	961	75	54598	69	13.00	63	47.40	81	44229	41	26668	6	-1	90
上栗县	207.53	57	43.26	36	636	85	47867	82	17.60	36	50.83	77	43876	45	25618	14	2.4	82
莲花县	85.45	97	21.65	85	1072	74	39375	90	6.70	96	30.73	97	32710	99	17088	81	3.5	78
浔阳区	447.10	17	25.75	78	26	99	170745	1	7.58	92	246.70	11	50400	14	-	-	10	44
濂溪区	378.10	22	39.82	41	388	89	94952	17	13.50	62	140.90	31	50575	13	26627	7	-8.40	94
柴桑区	206.60	59	25.90	77	873	79	79498	26	13.60	60	60.60	69	44972	36	23363	37	4.90	73

续表

指标 地区	生产总值（亿元）	全省排名	常住人口（万人）	全省排名	国土面积（平方公里）	全省排名	人均GDP（元）	全省排名	地方一般公共预算收入（亿元）	全省排名	社会消费品零售总额（亿元）	全省排名	城镇居民人均可支配收入（元）	全省排名	农村居民人均可支配收入（元）	全省排名	规模以上工业增加值增速（%）	全省排名
修水县	298.20	32	68.65	19	4502	1	43438	86	15.27	50	167.56	25	39253	69	17131	79	5.20	72
武宁县	190.00	66	30.54	57	3507	4	62213	53	14.30	54	107.00	43	44740	38	22724	44	—	—
瑞昌市	334.00	26	39.06	42	1419	60	85509	20	30.12	13	110.15	40	44975	35	22914	43	-4.70	92
永修县	288.14	34	30.13	59	1947	37	95600	16	21.70	27	103.81	44	45763	33	24064	33	-8.20	93
共青城市	182.31	68	19.53	91	310	91	93289	18	24.09	21	72.97	61	47605	22	24298	31	—	—
德安县	192.80	64	16.56	95	863	80	116546	10	14.80	52	53.00	75	47104	28	24361	30	—	—
庐山市	161.39	74	22.69	83	913	78	71139	31	38.23	6	84.87	54	42944	55	21822	51	-56.90	96

续表

指标 地区	生产总值（亿元）	全省排名	常住人口（万人）	全省排名	国土面积（平方公里）	全省排名	人均GDP（元）	全省排名	地方一般公共预算收入（亿元）	全省排名	社会消费品零售总额（亿元）	全省排名	城镇居民人均可支配收入（元）	全省排名	农民居民人均可支配收入（元）	全省排名	规模以上工业增加值增速（%）	全省排名
湖口县	315.34	29	21.83	84	673	82	143668	4	27.46	18	73.74	58	47123	27	23159	40	7.20	64
彭泽县	194.78	63	27.80	68	1544	55	70065	37	18.69	31	68.60	65	43053	52	23102	42	1.40	85
都昌县	225.10	51	54.44	25	2670	16	41348	88	115.57	1	122.05	35	34295	93	14091	95	-50.70	95
分宜县	235.74	47	27.62	69	1389	61	85461	21	15.75	47	97.96	46	42332	57	24684	24	15.5	6
渝水区	1026.15	2	92.24	7	1789	43	110955	11	75.86	3	363.38	5	50651	10	25742	12	-0.6	89
贵溪市	647.9	9	53.93	27	136	95	119900	9	51.62	4	149.01	29	47165	26	23367	36	11.5	33
余江区	224.67	52	32.14	53	931	76	69671	39	16.8	40	108.63	42	43639	46	24692	23	24.7	2

续表

地区	生产总值(亿元)	全省排名	常住人口(万人)	全省排名	国土面积(平方公里)	全省排名	人均GDP(元)	全省排名	地方一般公共预算收入(亿元)	全省排名	社会消费品零售总额(亿元)	全省排名	城镇居民人均可支配收入(元)	全省排名	农民居民人均可支配收入(元)	全省排名	规模以上工业增加值增速(%)	全省排名
月湖区	409.68	20	29.02	62	2493	20	141023	5	7.92	88	199.13	17	49941	16	24876	19	13	26
章贡区	681.27	6	71.26	17	486	86	95893	15	26.13	19	449.12	1	54412	6	24423	27	10.9	36
南康区	455.23	15	83.20	10	1623	50	54797	68	28.02	16	225.40	12	43349	48	17929	69	7.5	63
赣县区	283.18	36	57.68	24	2989	7	49083	78	18.78	30	109.89	41	40362	64	17487	72	15.4	7
安远县	114.42	87	34.72	50	2350	25	32964	98	7.65	91	57.99	71	33437	98	16058	91	25.4	1
大余县	136.88	80	26.41	74	1344	66	51801	76	9.75	77	58.73	70	37425	78	17973	67	14.6	9
全南县	112.73	89	16.91	94	1535	94	66665	42	7.91	89	54.23	74	36423	84	14635	94	11.8	32

地区	生产总值(亿元)	全省排名	常住人口(万人)	全省排名	国土面积(平方公里)	全省排名	人均GDP(元)	全省排名	地方一般公共预算收入(亿元)	全省排名	社会消费品零售总额(亿元)	全省排名	城镇居民人均可支配收入(元)	全省排名	农民居民人均可支配收入(元)	全省排名	规模以上工业增加值增速(%)	全省排名
于都县	348.06	25	90.38	8	2892	9	38450	92	16.19	42	146.40	30	39446	67	16936	84	11.2	34
瑞金市	207.30	58	61.26	23	2441	21	33783	96	17.27	38	113.50	39	41013	59	18033	65	13.8	23
石城县	105.96	93	28.27	64	1567	53	37435	93	8.15	86	47.10	83	34175	94	16738	88	11.8	31
龙南市	220.00	53	32.00	54	1646	49	68781	40	18.00	33	64.00	68	40891	60	18019	66	3	80
信丰县	304.05	30	67.30	20	2866	10	45203	85	17.10	39	71.18	64	41688	58	20564	56	14	18
崇义县	112.43	90	17.76	93	2206	28	63284	47	10.49	71	40.93	89	37551	75	16248	90	3.7	76
会昌县	164.54	72	45.13	35	2712	14	36438	94	11.00	69	73.69	59	36500	83	17280	75	9.1	51

续表

指标 地区	生产总值 (亿元)	全省排名	常住人口 (万人)	全省排名	国土面积 (平方公里)	全省排名	人均GDP (元)	全省排名	地方一般公共预算收入 (亿元)	全省排名	社会消费品零售总额 (亿元)	全省排名	城镇居民人均可支配收入 (元)	全省排名	农民居民人均可支配收入 (元)	全省排名	规模以上工业增加值增速 (%)	全省排名
定南县	110.05	92	21.00	86	1321	67	52292	75	10.05	72	41.94	86	37866	73	16493	89	9.4	46
寻乌县	135.88	81	28.05	65	2352	24	48469	80	7.82	90	44.16	85	35526	88	17937	68	14.5	11
上犹县	115.25	85	26.86	72	1542	56	42879	87	8.20	84	50.58	78	36371	85	17144	77	12.3	28
宁都县	270.60	39	70.16	18	4049	3	38574	91	10.04	73	124.60	34	33497	97	16789	87	12.1	29
兴国县	251.55	43	71.42	16	3215	5	35176	95	10.84	70	118.82	36	37499	77	17134	78	16.5	5
吉州区	300.5	31	42.60	37	425	87	70557	36	11.70	65	224.20	13	50585	12	25105	18	9.1	50
青原区	158	75	25.30	79	915	77	62702	50	8.20	85	159.70	27	49229	20	20496	58	0.2	88

续表

指标 地区	生产总值（亿元）	全省排名	常住人口（万人）	全省排名	国土面积（平方公里）	全省排名	人均GDP（元）	全省排名	地方一般公共预算收入（亿元）	全省排名	社会消费品零售总额（亿元）	全省排名	城镇居民人均可支配收入（元）	全省排名	农民居民人均可支配收入（元）	全省排名	规模以上工业增加值增速（%）	全省排名
吉安县	251	44	46.90	33	2122	33	61462	54	18.40	32	117.20	38	43010	53	18409	64	10.7	39
吉水县	229.5	49	40.10	39	2507	18	56975	61	13.60	61	77.20	57	40424	63	24523	26	9.2	48
峡江县	105.2	94	14.80	97	1298	68	70651	35	11.20	68	41.20	87	37737	74	18891	63	6.5	66
新干县	218.6	54	27.40	70	1245	72	79397	27	14.00	58	86.90	52	43924	43	23436	35	6	69
永丰县	231.9	48	38.00	44	2710	15	60689	55	15.50	49	71.50	63	42552	56	24585	25	10.6	40
泰和县	260.3	42	45.20	34	2498	19	57268	60	18.00	34	83.20	55	39780	65	22448	45	6.4	67
遂川县	227.9	50	50.00	29	3101	6	45384	84	12.80	64	94.70	47	36692	81	17759	70	9	53

续表

指标 地区	生产总值（亿元）	全省排名	常住人口（万人）	全省排名	国土面积（平方公里）	全省排名	人均GDP（元）	全省排名	地方一般公共预算收入（亿元）	全省排名	社会消费品零售总额（亿元）	全省排名	城镇居民人均可支配收入（元）	全省排名	农民居民人均可支配收入（元）	全省排名	规模以上工业增加值增速（%）	全省排名
万安县	125.9	82	23.80	82	2038	35	52519	74	8.80	81	54.80	72	36642	82	17477	73	9	54
安福县	209.4	55	31.50	55	2794	13	66141	45	14.90	51	65.60	67	39300	68	21925	49	9.3	47
永新县	151.7	77	37.90	45	2181	29	39803	89	9.80	75	71.60	62	33653	96	16852	86	8.9	56
井冈山市	104.8	95	15.10	96	1447	59	68540	41	9.80	76	23.80	100	46227	31	17455	74	9.4	45
袁州区	545.90	12	113.97	4	2538	17	48107	81	28.53	15	355.27	6	48138	21	21073	52	-4.2	91
丰城市	688.76	5	102.99	6	2837	12	66260	44	50.83	5	183.43	20	46468	30	25180	17	11.8	30
高安市	586.91	11	72.26	15	2429	22	80770	24	31.94	12	164.71	26	44277	40	24296	32	3.9	75

续表

指标 地区	生产总值（亿元）	全省排名	常住人口（万人）	全省排名	国土面积（平方公里）	全省排名	人均GDP（元）	全省排名	地方一般公共预算收入（亿元）	全省排名	社会消费品零售总额（亿元）	全省排名	城镇居民人均可支配收入（元）	全省排名	农民居民人均可支配收入（元）	全省排名	规模以上工业增加值增速（%）	全省排名
樟树市	510.81	13	47.36	32	1289	69	107317	12	36.45	7	140.57	32	47172	25	24397	29	3.5	77
奉新县	236.47	46	26.30	75	1648	48	89669	19	17.91	35	73.09	60	43960	42	24399	28	10.5	42
万载县	264.57	41	48.87	31	1718	45	54155	71	19.28	29	85.58	53	38618	72	17559	71	8.6	57
上高县	282.12	37	34.41	51	1347	65	81852	23	21.71	26	65.93	66	43542	47	24857	20	3.4	79
宜丰县	191.46	65	25.01	80	1934	40	76684	28	21.81	25	48.79	79	42984	54	22364	46	10.8	37
靖安县	84.67	98	11.90	98	1377	63	70902	33	8.41	83	28.12	98	40568	62	20818	53	6.4	68
铜鼓县	75.82	99	11.37	99	1552	54	66431	43	6.88	95	27.48	99	34334	99	14940	91	6.9	65

续表

地区\指标	生产总值（亿元）	全省排名	常住人口（万人）	全省排名	国土面积（平方公里）	全省排名	人均GDP（元）	全省排名	地方一般公共预算收入（亿元）	全省排名	社会消费品零售总额（亿元）	全省排名	城镇居民人均可支配收入（元）	全省排名	农民居民人均可支配收入（元）	全省排名	规模以上工业增加值增速（%）	全省排名
临川区	626.04	10	110.66	5	2126	32	56539	64	14.70	53	174.28	23	53941	7	27085	5	11.1	35
东乡区	238.17	45	37.6	47	1268	70	63130	49	15.52	48	89.12	51	47441	24	25241	16	14.1	16
南城县	195.53	62	27.99	67	1713	46	69716	38	11.25	67	51.30	76	45769	32	24703	22	14.4	13
黎川县	113.21	88	19.91	89	1709	47	56593	63	9.97	74	35.30	93	37518	76	20217	59	13.9	21
南丰县	188.95	67	26.65	73	1913	41	70787	34	8.93	80	45.40	84	43126	51	30883	1	17.8	3
崇仁县	164.57	71	29.55	61	1520	58	55519	67	8.57	82	40.98	88	39064	70	25690	13	14.3	14
乐安县	99.59	96	30.07	60	2411	23	32989	97	6.36	97	54.64	73	32351	100	15963	92	14.2	15

指标 地区	生产总值（亿元）	全省排名	常住人口（万人）	全省排名	国土面积（平方公里）	全省排名	人均GDP（元）	全省排名	地方一般公共预算收入（亿元）	全省排名	社会消费品零售总额（亿元）	全省排名	城镇居民人均可支配收入（元）	全省排名	农民居民人均可支配收入（元）	全省排名	规模以上工业增加值增速（%）	全省排名
宜黄县	115.9	84	19.63	90	1937	39	58896	57	8.10	87	38.77	91	36793	80	20727	54	14.1	17
金溪县	121.84	83	24.76	81	1353	64	49036	79	9.50	78	37.76	92	40657	61	21840	50	17.7	4
资溪县	58.89	100	9.39	100	1248	71	62379	51	3.96	100	31.82	95	36209	86	20725	55	13.5	25
广昌县	112.23	91	20.06	88	1603	51	55873	66	6.06	98	40.75	90	35350	89	16889	85	8.5	58
信州区	436.4	18	54.28	26	339	90	80397	25	22.26	23	249.3	10	51347	9	25344	15	9	52
广丰区	655.03	8	77.30	12	1378	62	84744	22	33.16	11	169.6	24	51457	8	24754	21	13	27
广信区	370.1	23	74.69	14	2240	27	49554	77	22.20	24	184.26	19	39757	66	17177	76	10.8	38

续表

指标 / 地区	生产总值(亿元)	全省排名	常住人口(万人)	全省排名	国土面积(平方公里)	全省排名	人均GDP(元)	全省排名	地方一般公共预算收入(亿元)	全省排名	社会消费品零售总额(亿元)	全省排名	城镇居民人均可支配收入(元)	全省排名	农民居民人均可支配收入(元)	全省排名	规模以上工业增加值增速(%)	全省排名
玉山县	291.86	33	50.83	28	1728	44	57424	59	17.39	37	174.36	22	43876	44	23209	38	13.9	19
铅山县	205.05	61	37.79	46	2178	30	54254	70	16.14	43	98.7	45	36968	79	20214	60	13.7	24
横峰县	114.65	86	18.38	92	655	84	62377	52	8.98	79	47.51	80	34324	92	17037	83	9.2	49
弋阳县	153.2	76	33.20	52	1580	52	46138	83	14.06	57	78.32	56	43326	49	20515	57	13.9	20
余干县	266.2	40	82.23	11	2336	26	32373	99	14.18	56	118.4	37	34593	90	17050	82	13.9	22
鄱阳县	318.79	28	116	3	4215	2	27290	100	15.80	46	205.37	16	33791	95	17113	80	14.5	12
万年县	208.4	56	35.06	49	1141	73	59434	56	16.10	44	91.91	50	43311	50	20205	61	14.7	8

续表

指标地区	生产总值（亿元）	全省排名	常住人口（万人）	全省排名	国土面积（平方公里）	全省排名	人均GDP（元）	全省排名	地方一般公共预算收入（亿元）	全省排名	社会消费品零售总额（亿元）	全省排名	城镇居民人均可支配收入（元）	全省排名	农民居民人均可支配收入（元）	全省排名	规模以上工业增加值增速（%）	全省排名
婺源县	175.45	70	30.89	56	2967	8	56796	62	11.3	66	92.00	49	35562	87	20055	62	8.9	55
德兴市	206.4	60	28.94	63	2101	34	71319	30	27.85	17	92.42	48	44919	37	22153	47	14.5	10

注：部分地区为初步统计数据，排名只作参考。

2.县域经济差异分析

(1)经济强县

● 全省县域 GDP 平均达到 290.6 亿元,有 95 个县(市、区)生产总值过 100 亿元,61 个过 200 亿元,31 个过 300 亿元,21 个过 400 亿元,15 个过 500 亿元(最高为南昌县:1281.09 亿元)。

● 中郡所 2023 年底发布的《第二十三届县域经济与县域发展监测评价报告》公布了第二十三届全国县域经济基本竞争力百强县和全国县域经济和社会综合发展百强县名单。中部 19 县入围第二十三届全国县域经济百强县,其中,安徽 4 个、河南 4 个、湖北 4 个、湖南 4 个、江西 3 个。中部 29 县入围第二十三届全国县域经济和社会综合发展指数百强县,其中,安徽 8 个、河南 2 个、湖北 8 个、湖南 7 个、江西 4 个。

（2）各县之间差异

● 经济总量:最高的是南昌县达 1281.09 亿元,最少的资溪县仅 58.89 亿元,前者是后者的 21.75 倍。

● 规模以上工业增加值增长率:最高的是安远县 25.4%,最低的是庐山市 −56.9%。

● 社会消费品零售总额:最多的是东湖区 431.48 亿元,最少的是井冈山市 23.8 亿元,前者是后者的 18.13 倍。

● 人均 GDP:最高的是浔阳区达 170745 元,最低的是鄱阳县仅 27290 元,前者是后者的 6.26 倍。

● 城镇居民人均可支配收入:最高的是东湖区达 56429 元,最低的是乐安县仅 32351 元,前者是后者的 1.74 倍。

● 农村居民人均可支配收入:最高的是南丰县达 30883 元,最低的是都昌县仅 14091 元,前者是后者 2.19 倍。

专题资料篇

一、走在前、勇争先、善作为——习近平总书记考察江西重要讲话指引发展方向、凝聚奋斗力量

●2023年10月10日至13日，习近平总书记在江西省委书记尹弘和省长叶建春陪同下，先后来到九江、景德镇、上饶等地，深入长江岸线、企业、历史文化街区、农村等进行调研。13日上午，习近平总书记在南昌听取江西省委和省政府工作汇报，对江西各项工作取得的成绩给予肯定。

●2023年12月28日至29日，中国共产党江西省第十五届委员会第五次全体（扩大）会议于在南昌召开，审议通过了《中

共江西省委关于深入学习贯彻习近平总书记考察江西重要讲话精神、奋力谱写中国式现代化江西篇章的决定》。

● 必须把推进中国式现代化作为最大的政治，全面贯彻习近平总书记考察江西重要讲话精神，坚决扛起奋力谱写中国式现代化江西篇章的时代使命，加快打造"三大高地"、实施"五大战略"，一步步把习近平总书记为我们擘画的宏伟蓝图变成美好现实。必须把坚持高质量发展作为新时代的硬道理，聚焦经济建设这一中心工作和高质量发展这一首要任务，完整、准确、全面贯彻新发展理念，更好统筹质的有效提升和量的合理增长，为实现"走在前、勇争先、善作为"的目标要求提供坚实的物质支撑和工作保证。聚焦在加快革命老区高质量发展上走在前，紧紧扭住发展第一要务不动摇，牢牢把握高质量发展主题，主动服务和融入新发展格局,努力在经济量质双升、城乡融合发展、社会治理创新、民生福祉增进等方面走在前列,推动经济社会持续健康发展,打造革命老区高质量发展高地。聚焦在推动中部地区崛起上勇争先,抢抓新时代推动中部地区高质量发展机遇,发挥比较优势、集成重大政策,努力在推动产业能级跃升、实施科技创新驱动、深化对内对外开放、推进乡村全面振兴等方面奋勇争先,不断增强我省综合实力和区域竞争力,提升江西在推动中部地区崛起大局中的位势。聚焦在推进长江经济带发展上善作为,坚决落实"共抓大保护、不搞大开发"战略导向,坚定不移走生态优先、绿色发展之路,强化区域协同融通,努力在巩固绿色生态屏障、加快全面绿色转型、提升区域合作水平、维护国家经济安全等方面善作善成,增强江西在推动长江经济带高质量发展中的贡献。

◆ 要坚持把实体经济发展作为主攻方向，积极抢位发展，善于错位发展，大力推进新型工业化，全面实施制造业重点产业链现代化建设"1269"行动计划，以创新引领提升产业链发展水平，加快建设制造业强省，构建体现江西特色和优势的现代化产业体系。加快传统产业改造升级，推动传统制造业升级转化为现代先进制造业；加快战略性新兴产业发展壮大，打造一批国家级、省级先进制造业集群；积极部署未来产业，在优势领域打造未来产业集群和原始创新策源地。深入实施数字经济做优做强"一号发展工程"，推动数字经济与实体经济融合发展。进一步深化开发区管理体制机制改革，着力提高开发区建设管理水平。深入推进国家生态文明试验区建设，加快全面绿色转型，打造国家生态文明建设高地。

◆要深化对内对外开放,充分发挥江西区位优势,抢抓国家战略机遇,做好"双向开放、惠通四方"大文章,提升开放型经济发展水平,打造内陆地区改革开放高地。主动对接和融入长三角一体化发展、粤港澳大湾区建设、海西经济区建设,深化落实"一主一副、两翼联动、多点支撑"的区域发展格局,积极融入全国统一大市场。深度融入共建"一带一路",巩固传统商路、积极开拓新路,务实推进各领域合作,构建全面扩大开放新格局。加快构建水陆空无缝对接、"公水铁"多式联运、通关贸易一体化的现代运输体系,健全完善开放通道。大力发展口岸经济,加强"飞地园区"建设,提升开放平台功能,稳步推进制度型开放,深化重点领域改革,营造一流营商环境,促进民营经济健康发展,推动改革开放走深走实。

◆要推进乡村全面振兴，坚持农业农村优先发展，坚持产业兴农、质量兴农、绿色兴农，学习运用"千万工程"经验，加快建设农业强省，推进农业农村现代化。深入推进"藏粮于地、藏粮于技"战略，严格落实耕地保护制度，逐步把永久基本农田全部建成高标准农田，千方百计稳定粮食生产。把农业作为大产业来抓，大力发展绿色农业、特色农业、精品农业、品牌农业和林下经济，大力推进农业产业化，打响"赣字号"农产品品牌。巩固拓展脱贫攻坚成果，确保不发生规模性返贫。深入实施乡村建设行动，打造"四融一共"和美乡村。坚持宜工则工、宜农则农、宜商则商、宜游则游、宜林则林，加快发展壮大县域经济。提高防灾减灾救灾能力，维护社会和谐稳定。

◆要坚持把确保老区人民共享改革发展成

果、过上幸福生活作为共同富裕的底线任务,在发展中保障和改善民生,扎实推进共同富裕取得更为明显的实质性进展。切实做好扩大就业工作,强化就业优先政策,积极创建公共就业创业服务示范城市,高标准高质量建设"5＋2"就业之家,着力抓好重点群体就业和困难群体的就业兜底帮扶。稳步推进收入分配制度改革,确保居民收入增长和经济增长基本同步,全面拓宽城乡居民劳动性收入和财产性收入渠道,推动更多低收入群体迈入中高等收入群体行列。健全完善社会保障体系,办好教育卫生事业,加快建设文化强省,持续增进老区人民福祉。

◆要坚持和加强党的全面领导,深入贯彻习近平总书记关于党的建设的重要思想,全面落实新时代党的建设总要求,以党的政治建设统领党的各项建设,推动全面从严治党向纵深发展。始终把党的政治建设摆在首位，强化政治忠诚教育，巩固拓展主题教育成果，建立长效机制。传承弘扬革命老区优良传统，加快建设全国红色基因传承示范区。深入实施治理强基战略，强化党建引领基层治理，深入开展基层党建"书记领航"行动，深化基层党建"三化"建设，不断增强基层党组织政治功能和组织功能。坚持网格化管理、精细化服务、信息化支撑，构建共建共治共享社会治理新格局。深入推进抓党建促乡村全面振兴，提升乡村治理效能。加快建设高素质干部队伍，持续深化作风建设，坚决打赢反腐败斗争攻坚战、持久战，不断营造、优化江西政治生态。

二、奋力谱写
中国式现代化的江西篇章

● 2023 年 7 月 21 日至 22 日，中国共产党江西省第十五届委员会第四次全体（扩大）会议在南昌召开。

● 全省当前和今后一个时期的重点工作：打造"三大高地"，实施"五大战略"。

◆ 打造革命老区高质量发展高地。要紧紧扭住发展第一要务不动摇，全力推动经济持续健康发展，不断在优势领域争先进位、勇创一流，加快推进新时代革命老区高质量发展。

◆ 打造内陆地区改革开放高地。要大力弘扬先行先试、敢为人先的精神，加大体制机制创新力度，加快形成一批可复制可推广的改革成果,努力构建更大范围、更宽领域、更深层次的开放格局,充分激发高质量发展的动力活力。

◆打造国家生态文明建设高地。要始终坚持生态优先、绿色发展,持续巩固提升生态环境质量,加快促进经济社会发展全面绿色转型,努力走出一条经济发展和生态文明水平提高相辅相成、相得益彰的路子。

◆实施产业升级战略。要坚持把发展经济的着力点放在实体经济上,集中力量做优做强做大优势产业,加快传统产业转型升级,培育壮大数字经济和现代服务业,着力建设具有完整性、先进性、安全性的现代化产业体系。

◆实施项目带动战略。要坚持把项目建设作为扩大内需的重要举措,谋划实施一批重大产业、重大基础设施、重大民生项目,带动扩大有效投资、促进消费扩容提

质、推进产业转型升级,加快培育新的增
长点。

◆实施科教强省战略。要坚持把创新摆在
现代化建设全局中的核心地位,一体推
进教育强省、科技强省、人才强省建设,
推动形成依靠创新驱动的内涵型增长。

◆实施省会引领战略。要健全完善强省会
各项政策措施,全面提升南昌综合实力
和发展能级,加快做优做强南昌都市圈,
引领带动全省区域经济协调发展。

◆实施治理强基战略。要始终坚持党建引
领,完善党领导下的基层治理机制,不断
探索基层治理新模式,全面提升基层治
理体系和治理能力现代化水平。

三、江西省
2023 年主要工作成绩

●扎实开展主题教育,坚持不懈用党的创新理论凝心铸魂。

◆两批主题教育县处级以上领导班子全部举办读书班,开展专题研讨 1.5 万次,带动基层党支部依托"三会一课"、主题党日等载体开展学习讨论 41.1 万次,各级党组织书记讲党课 10.4 万次。

◆县处级以上领导班子分别检视问题 1141 个、7559 个。

◆全省各级财政用于民生支出占一般公共预算支出的 78.6%。

◆共建立民生项目清单 5031 项,办成办好老旧小区改造、农村公交线路开通、公办学位增设、婴幼儿照护服务、校园明厨亮灶等民生实事 4.4 万件。

● 经济运行回升向好。

◆ 制定实施巩固提升经济"28 条"。

◆ 地区生产总值增长 4.1%。

◆ 一般公共预算收入增长 3.8%。

◆ 规模以上工业增加值增长 5.4%。

◆ 固定资产投资下降 5.9%。

◆ 社会消费品零售总额增长 6.3%。

◆ 生产型企业进出口占外贸比重 69.1%、提高 14 个百分点。

◆ 太阳能电池、电动载人汽车、锂离子蓄电池"新三样"出口额增长 73.5%。

● 产业升级步伐稳健。

◆ 累计培育国家级中小企业特色产业集群 10 个,新增国家创新型产业集群 2 个、总数达 8 个。

◆ 有效期内高新技术企业 6200 家以上,新增国家专精特新"小巨人"企业 56 家、总数达 255 家。

◆战略性新兴产业、装备制造业增加值分别增长 9.1%、10%。

◆新增 3 家全国重点实验室,首家省实验室——南昌实验室启动建设,在赣两院院士达 10 名。

◆综合科技创新水平指数 60.27%。

◆万人有效发明专利拥有量增长 31.7%。

●改革开放纵深推进。

◆全省国企资产总额增长 11.3%,国有经济运行质量持续改善。

◆制定实施促进民营经济发展壮大"36条",新登记经营主体 123.7 万户、总数达 482.8 万户。

◆国际贸易"单一窗口"全面推广应用,出口通关效率居全国第 5、中部地区第 1。

●区域城乡协同共进。

◆打造覆盖全省农村人口的防止返贫监测帮扶系统,脱贫人口人均纯收入增长

13.6%。

◆ 构建耕地保护"1＋N"政策体系,新建高标准农田 290 万亩,粮食总产 439.7 亿斤、增产 9.3 亿斤,连续 11 年保持 430 亿斤以上。

◆ 新创建 70 个中国传统村落、增量居全国第 1。

● 绿色发展提质增效。

◆ PM2.5 平均浓度 29 微克/立方米,空气优良天数比率 96.5%。

◆ 国考断面水质优良比例 97%,长江干流、赣江干流断面保持 Ⅱ 类水质。

◆ 污染防治攻坚战成效考核连续 3 年全国优秀。

◆ 全面落实碳达峰碳中和"1＋N"政策,可再生能源发电项目装机容量占比突破 50%,新增国家级绿色工厂 70 家、绿色园区 8 家。

◆ 国家级水效领跑者实现企业、园区"零的突破"，国务院实行最严格水资源管理制度考核连续 5 年优秀。

● 民生福祉继续增进。

◆ 年初确定的 10 件民生实事全部兑现，群众得到更多实惠。

◆ 出台优化调整稳就业政策"16 条"。

◆ 城镇新增就业、新增发放创业担保贷款分别完成年计划的 112.3%、234.2%，城镇、农村居民人均可支配收入分别增长 4.2%、7.1%。

◆ 实现省内异地就医免备案、享受参保地同等医保待遇，基本医保参保率稳定在 99.85% 以上。

◆ 低保、特困救助标准连续 17 年逐年提高，城乡居民养老保险待遇水平稳居中部地区第 1。

● 社会保持和谐稳定。

◆ 出台防范化解经济和金融领域重大风险"1＋7"工作方案和防范化解地方债务

风险"1+9"方案,保持全国唯一债券零违约省份。

◆ 新发涉嫌非法集资刑事案件、集资金额、参与集资人数分别下降36.7%、56.48%、59.08%,国家下达的保交楼年度任务提前完成。

◆ 电信诈骗发案数、损失数实现双降,全省公众安全感、满意度分别达98.71%、97.15%,连续17年获全国平安建设(综治工作)考评优秀省。

● 行政效能稳步提升。

◆ 两轮次梳理征集的149个制约高质量发展突出问题全部办结。

◆ 出台实施省数字政府建设总体方案,"赣服通"6.0版上线,"惠企通"和"一件事一次办"改革全国推广,省级政府一体化政务服务能力指数显著提升。

◆ 提请省人大常委会审议地方性法规12件,废止和修改省政府规章11件,废止省政府规范性文件 38 件,办理人大代表建议、政协提案 1150 件。

●纵深推进全面从严治党。推动政治生态持续向上向好。大力加强党的政治建设,深入实施治理强基战略,锻造高素质专业化干部队伍,深化正风肃纪反腐,驰而不息纠"四风"、树新风,党的建设质量水平不断提升。

四、2024 年江西经济社会发展目标及任务

●以习近平新时代中国特色社会主义思想为指导，深入贯彻党的二十大、二十届二中全会和中央经济工作会议精神，全面落实习近平总书记考察江西重要讲话精神，按照省委十五届四次、五次全会部署，聚焦"走在前、勇争先、善作为"的目标要求，坚持稳中求进工作总基调，完整、准确、全面贯彻新发展理念，加快构建新发展格局，着力推动高质量发展，全面深化改革开放，提升科技创新能力，持续推进生态文明建设，统筹扩大内需和深化供给侧结构性改革，统筹新型城镇化和乡村全面振兴，统筹高质量发展、高

水平安全和高标准保护,努力构建体现江西特色和优势的现代化产业体系,切实增强经济活力、改善社会预期、增进民生福祉、推进共同富裕、防范化解风险、保持社会稳定,巩固和增强经济回升向好态势,持续推动经济实现质的有效提升和量的合理增长,奋力谱写中国式现代化江西篇章。

◆地区生产总值增长5%左右;

◆规模以上工业增加值增长6.5%左右;

◆固定资产投资增长3%左右;

◆社会消费品零售总额增长6.5%左右;

◆城镇、农村居民人均可支配收入分别增长5%、7%左右;

◆居民消费价格涨幅3%左右;

◆城镇调查失业率5.5%左右;

◆主要污染物排放等指标完成国家下达目标。

●深入推进新型工业化,加快构建体现江

西特色和优势的现代化产业体系。大力
实施产业升级战略、科教强省战略，争创
国家新型工业化示范区。

● 充分挖掘释放需求潜力，巩固和增强经
济回升向好态势。扩大有效益的投资，
激发有潜能的消费，促进投资、消费、出
口共同发力，融入国内国际双循环发展
格局。

● 推进内陆地区改革开放高地建设，增强
发展活力。推动更深层次改革，实行更
高水平开放，持续增强内生动力、拓展发
展空间。

● 加快农业农村现代化建设步伐，推进乡
村全面振兴。学习运用"千万工程"经
验，制定全面推进乡村振兴规划，加快建
设农业强省。

● 着力构建区域发展新格局，增强全域发
展整体效能。深化落实"一主一副、两翼
联动、多点支撑"区域发展格局，推动各

区域板块优势互补、协同发展。

● 推动全面绿色转型,加快打造生态文明建设高地。实施打造国家生态文明建设高地三年行动计划,以更高标准打造美丽中国"江西样板"。

● 坚持在发展中保障和改善民生,扎实推进共同富裕。加强基础性、普惠性、兜底性民生建设,着力办好 10 件民生实事,让人民群众共享改革发展成果。

● 积极构建新安全格局,推进更高水平平安江西建设。落实总体国家安全观,牢牢守住安全发展底线,以高水平安全保障高质量发展。

● 打造让党放心、人民满意政府。把坚持和加强党的全面领导贯穿政府工作全过程各领域,开展"大抓落实年"活动,着力提高执行力、创造力和公信力。

比较资料篇

一、在全国的位置

1. 全国总体情况（不含港澳台地区）

（1）国家统计局公布 2023 年我国全国经济运行数据

- ●年末全国总人口：140967 万人。
- ◆其中城镇常住人口：93267 万人，常住人口城镇化率为 66.2%。
- ●GDP：1260582 亿元，增长：5.2%。
- ●三产比重：7.1:38.3:54.6。
- ●公共财政预算收入：216784 亿元，增长：6.4%。
- ◆其中税收收入：181129 亿元，增长：8.7%。
- ●年末就业人员：74041 万人。
- ◆其中城镇就业人员：47032 万人。
- ●全年城镇新增就业：1244 万人。

●年末城镇调查失业率:5.1%,降低:0.4%。

●全国农民工总量:29753 万人,增长:0.6%。

◆其中外出农民工:17658 万人,增长:2.7%。

●粮食总产量:69541 万吨,增产 1.3%。

●工业增加值:全年全部工业增加值:399103 亿元,增长:4.2%,规模以上工业增加值增长:4.6%。

●全社会固定资产投资:509708 亿元,增长 2.8%。

◆房地产开发投资:110913 亿元,比上年下降 9.6%。

◆全年全国城镇棚户区住房改造开工 159 万套,基本建成 193 万套。全国保障性租赁住房开工建设和筹集 213 万套(间)。

●全年社会消费品零售总额 471495 亿元,比上年增长 7.2%。

●全年实物商品网上零售额 130174 亿元,比上年增长 8.4%。

●全年货物进出口总额 417568 亿元,比上年增长 0.2%。

◆其中,对"一带一路"沿线国家进出口总额 194719 亿元,比上年增长 2.8%。

●实际使用外商直接投资金额 11339 亿元,下降 8.0%,折 1633 亿美元,下降 13.7%。其中"一带一路"沿线国家对华直接投资新设立企业 13649 家,增长 82.7%。

●年末广义货币供应量(M2)余额 292.3 万亿元,比上年末增长 9.7%。

●全年沪深交易所 A 股累计筹资 10734 亿元,比上年减少 4375 亿元。其中:首次公开发行 A 股 236 只,筹资 3418 亿元。

●全年全国居民人均可支配收入 39218 元,比上年增长 6.3%,扣除价格因素,实际增长 6.1%。

◆城镇居民人均可支配收入 51821 元,比上年增长 5.1%,扣除价格因素,实际增长 4.8%。

◆农村居民人均可支配收入 21691 元,比上年增长 7.7%,扣除价格因素,实际增长 7.6%。

(2)2023 年全国国内生产总值构成

指标	绝对额 (亿元)	比上年增长 (%)
国内生产总值	1260582	5.2
第一产业	89755	4.1
第二产业	482589	4.7
第三产业	688238	5.8

(3)近 3 年全国国内生产总值及增长速度

年份	2021	2022	2023
国内生产总值(亿元)	1143670	1210207	12660582
比上年增长(%)	8.1	3.0	5.2

(4) 近 3 年全国公共财政预算收入及增长速度

年份	2021	2022	2023
公共财政预算收入（亿元）	202539	203703	203703
比上年增长（%）	10.7	0.6	6.4

(5) 近 3 年全国税收收入及增长速度

年份	2021	2022	2023
税收收入（亿元）	172731	166614	181129
比上年增长（%）	11.9	−3.5	8.7

(6) 近 3 年全国粮食产量

年份	2021	2022	2023
粮食产量（万吨）	68285	68653	69541

(7) 近 3 年全国年全部工业增加值及增长速度

年份	2021	2022	2023
工业增加值(亿元)	372575	401644	399103
比上年增长(%)	9.6	3.4	−1.0

(8) 近 3 年全国全社会固定资产投资总额及增长速度

年份	2021	2022	2023
全社会固定资产投资总额(亿元)	552884	579556	509708
比上年增长(%)	4.9	4.9	−12

(9) 近 3 年全国社会消费品零售总额及增长速度

年份	2021	2022	2023
社会消费品零售总额(亿元)	440823	439733	471495
比上年增长(%)	12.5	−0.2	7.2

(10) 近3年全国广义货币 M2 供应量余额及增长速度

年份	2021	2022	2023
广义货币 M2 供应量余额（万亿元）	283.8	266.4	292.3
比上年增长（%）	9.0	11.8	9.7

2. 全国各省情况

(1) 2023 年全国各地地区生产总值比较（不含港澳台地区）

地区（按生产总值）	生产总值（亿元）	地区（按生产总值）	生产总值（亿元）
1. 广东	135673.16	17. 辽宁	30209.4
2. 江苏	128222.2	18. 云南	30021
3. 山东	92068.7	19. 广西	27202.39
4. 浙江	82553	20. 山西	25698.18
5. 四川 ↑(6)	60132.9	21. 内蒙古	24627
6. 河南 ↓(5)	59132.39	22. 贵州	20913.25

续表

地区 （按生产总值）	生产总值 （亿元）	地区 （按生产总值）	生产总值 （亿元）
7.湖北	55803.63	23.新疆	19125.91
8.福建	54355	24.天津	16737.30
9.湖南	50012.85	25.黑龙江	15883.9
10.上海 ↑（11）	47218.66	26.吉林	13531.19
11.安徽 ↓（10）	47050.6	27.甘肃	11863.8
12.河北	43944.1	28.海南	7551.18
13.北京	43760.7	29.宁夏	5315
14.陕西	33786.07	30.青海	3799.1
15.江西	32200.1	31.西藏	2392.67
16.重庆	30145.79		

注：表中"↑、↓"为2023 年排位变化趋势，
（ ）内数值为 2022 年排名数。

●全国四强格局稳定，前十格局略有变化。

广东、江苏、山东、浙江稳居前四格局未变。其中：广东省 GDP 首次突破 13 万

亿元,经济总量连续 35 年居全国首位;总量列第二的江苏省 GDP 超过 12 万亿元;排第三的山东省 GDP 首次突破 9 万亿元;排第四的浙江省 GDP 首次突破 8 万亿元。

2023 年四川省 GDP 首次突破 6 万亿元,超过河南省而升至全国第五位;河南、湖北、福建和湖南四省均属于"5 万亿元俱乐部",GDP 总量排列分别位居全国的第六位、第七位、第八位和第九位。上海市 GDP 达 47218.66 亿元,以 168 亿元微弱优势超越安徽,位居全国第十位。

海南、宁夏、青海、西藏四省(区)GDP 少于 10000 亿元,其中西藏最少,只有 2392.67 亿元。

(2)2023 年全国各地地区生产总值增幅及排名(不含港澳台)

地 区	地区生产总值增幅(%)	地 区	地区生产总值增幅(%)
1.西藏	9.5	16.青海	5.3
2.海南	9.2	18.北京	5.2

续表

地 区	地区生产总值增幅(%)	地 区	地区生产总值增幅(%)
3. 内蒙古	7.3	19. 山西	5
4. 新疆	6.8	19. 上海	5
5. 宁夏	6.6	21. 贵州	4.9
6. 甘肃	6.4	22. 广东	4.8
7. 吉林	6.3	22. 广东	4.8
8. 重庆	6.1	24. 湖南	4.6
9. 山东	6	25. 福建	4.5
9. 浙江	6	26. 陕西	4.3
9. 四川	6	26. 天津	4.3
9. 湖北	6	28. 河南	4.1
13. 江苏	5.8	29. 江西	4.1
13. 安徽	5.8	30. 广西	4.1
15. 河北	5.5	31. 黑龙江	2.6
16. 辽宁	5.3		

●31 个省份 GDP 全部实现正增长，多数省份 GDP 增速位于 4% 至 6% 这一区间，有 17 个省份 GDP 增速高于全国平均增

速(5.2%)。

其中,西藏自治区和海南省 GDP 分别以 9.5% 和 9.2% 的增速领跑全国;内蒙古自治区 GDP 增长 7.3%,增速位居全国第三。

(3)2023 年年末全国各地常住人口数比较(不含港澳台)

地区	常住人口数 (万人)	地区	常住人口数 (万人)
1.广东	12706	17.贵州	3865
2.山东	10122.97	18.山西	3465.99
3.河南	9815	19.重庆	3191.4
4.江苏	8526	20.黑龙江	3099
5.四川	8368	21.新疆	2598
6.河北	7393	22.上海 ↑(23)	2487.45
7.浙江 ↑(8)	6627	23.甘肃 ↓(22)	2465.48
8.湖南 ↓(7)	6568	24.内蒙古	2396
9.安徽	6121	25.吉林	2339.41

续表

地区	常住人口数（万人）	地区	常住人口数（万人）
10.湖北	5838	26.北京	2185.8
11.广西	5027	27.天津	1364
12.云南	4673	28.海南	1043
13.江西	4515	29.宁夏	729
14.福建 ↑(15)	4183	30.青海	594
15.辽宁 ↓(14)	4182	31.西藏	364
16.陕西	3952		

注：表中"↑、↓"为2023年排位变化趋势，（）内数值为2022年排名数。

(4) 2023年全国各地地方财政一般公共预算收入比较(不含港澳台)

地区	一般公共预算收入(亿元)	地区	一般公共预算收入(亿元)
1.广东	13851.3	17.江西	3059.6
2.江苏	9930.2	18.辽宁	2754.0

续表

地区	一般公共预算收入（亿元）	地区	一般公共预算收入（亿元）
3. 浙江	8600.0	19. 重庆	2440.7
4. 上海	8312.5	20. 云南	2149.4
5. 山东	7464.7	21. 新疆	2179.7
6. 北京	6181.1	22. 贵州	2078.3
7. 四川	5529.1	23. 天津	2027.3
8. 河南	4512.0	24. 广西	1783.8
9. 河北	4286.1	25. 黑龙江	1396.0
10. 安徽	3939.0	26. 吉林	1074.8
11. 湖北	3690.8	27. 甘肃	1003.5
12. 福建	3591.9	28. 海南	900.7
13. 山西	3479.1	29. 宁夏	502.3
14. 陕西	3437.4	30. 青海	381.3
15. 湖南	3360.3	31. 西藏	236.6
16. 内蒙古	3083.4		

(5)2023 年全国各地城镇居民人均可支配收入(不含港澳台)

地区	城镇居民人均可支配收入(元)	地区	城镇居民人均可支配收入(元)
1.上海	89477	17.湖北	44990
2.北京	88650	18.陕西	44713
3.浙江	74997	19.河北 ↑(20)	43631
4.江苏	63211	20.云南 ↓(19)	43563
5.广东	59307	21.贵州	42772
6.福建	56153	22.海南 ↑(23)	42661
7.天津	55355	23.宁夏 ↓(22)	42395
8.山东	51571	24.山西 ↓(25)	41327
9.西藏	51900	25.广西 ↑(24)	41287
10.湖南	49243	26.新疆 ↑(28)	40578
11.内蒙古	48676	27.青海 ↓(26)	40408

续表

地区	城镇居民人均可支配收入(元)	地区	城镇居民人均可支配收入(元)
12.重庆	47435	28.河南 ↓(27)	40234
13.安徽	47446	29.甘肃	39833
14.辽宁	45896	30.吉林	37503
15.江西	45554	31.黑龙江	36492
16.四川	45227		

●注:按"城镇居民人均可支配收入"降序排

序,表中"↑、↓"为2023年排位变化趋势,

( )内数值为2022年排名数。

(6)2023年全国各地农村居民人均可支配收入比较(不含港澳台)

地 区	农村人均可支配收入(元)	地 区	农民人均可支配收入(元)
1.上海	42988	17.河北 ↓(15)	20688
2.浙江	40311	18.河南	20053
3.北京	37358	19.四川	19978
4.天津	30851	20.黑龙江 ↑(21)	19924

续表

地 区	农村人均可支配收入(元)	地 区	农民人均可支配收入(元)
5.江苏	30488	21.西藏 ↓(20)	19756
6.福建	26722	22.吉林	19472
7.广东	25142	23.广西	18656
8.山东	23776	24.新疆	17948
9.辽宁 ↑(15)	21483	25.宁夏	17772
10.江西 ↓(14)	21358	26.山西	17677
11.湖北	21293	27.陕西	16992
12.内蒙古	21221	28.云南	16361
13.安徽	21144	29.青海	15614
14.湖南	20921	30.贵州	14817
15.重庆 ↑(16)	20820	31.甘肃	13131
16.海南 ↑(17)	20708		

●注:表中地区按"农村居民人均可支配收入"降序排序,如与各省(市、区)统计局最新数据有出入,以最新数据为准。

3. 江西与全国比较

(1) 近5年江西地区生产总值占全国比重

项目	年份	江西	全国	江西占全国比重(%)
生产总值（亿元）	2019	24667.3	986515	2.5%
	2020	25781.9	1013567	2.54%
	2021	29827.8	1149237	2.59%
	2022	31213.8	1210207	2.58%
	2023	32200.1	1260582	2.55%

(2) 近5年江西生产总值增速与全国比较

项目	年份	江西	全国
生产总值比上年增长(%)	2019	7.9	6.0
	2020	3.8	2.2
	2021	8.9	8.4
	2022	4.3	3.0
	2023	4.1	5.2

(3)近 5 年江西人均生产总值与全国比较

项目	年份	江西	全国
人均生产总值(元)	2019	54640	70724.6
	2020	57069	70077.7
	2021	65553	71999.6
	2022	70923	81370
	2023	71216	89358

(4)近 5 年江西城乡居民人均可支配收入与全国比较

项目	年份	江西	全国
城镇居民人均可支配收入(元)	2019	36546	42359
	2020	38556	43834
	2021	41684	47412
	2022	43697	49283
	2023	45554	51821

续表

项目	年份	江西	全国
农村居民人均可支配收入(元)	2019	15796	16021
	2020	16981	17131
	2021	18931	18684
	2022	19936	20133
	2023	21358	21691

二、中部六省比较

1. 综合经济(GDP)

●2023 年,江西 GDP 增速位列全国后位,经济总量居中部六省第五位的格局仍未变化。具体情况分别为:河南 59132.39 亿元(4.1%)、湖北 55803.63 亿元(6.0%)、湖南 50012.85 亿元(4.6%)、安徽 47050.6 亿元(5.8%)、江西 32200.1 亿元(4.1%)、山西 25698.18 亿元(5.0%)。

2. 地方财政收入

●2023 年,江西一般公共预算收入总量居中部六省倒数第一位。湖北地方财政一般公共预算收入增长最快,增速高达 12.5%。具体情况为:河南 4512.0 亿元(5.9%)、安徽 3939.0 亿元(9.7%)、山西3479.1亿元（0.7%）、湖北3690.8亿元（12.5%）、湖南3360.3亿元（8.3%）、江西3059.6亿元（3.8%）。

3. 全社会固定资产投资

●2023年，江西增速居中部六省第五位，湖北增速居中部六省第一位。按增速由高到低依次为：湖北5%、安徽4%、河南2.1%、湖南－3.1%、江西－5.9%、山西－6.6%。

4. 实际利用外商直接投资

●2023年，江西总量居中部六省第三位、山西增速居中部第一位。各省分别为：湖南14.4亿美元（－59.3%）、湖北26.45亿美元（5.7%）、江西12.8亿美元（－41.1%）、安徽20.2亿美元（－6.5%）、河南7.52亿美元（－57.8%）、山西12.8亿美元（55.4%）。

5. 社会消费品零售总额

●2023年，江西增速位列中部六省第四

位,总量居中部六省第五位。各省情况分别为:河南26004.45亿元(6.5%)、湖北24041.89亿元(8.5%)、安徽23008.3亿元(6.9%)、湖南20203.3亿元(6.1%)、江西13659.8亿元(6.3%)、山西7981.8亿元(5.5%)。

6. 外贸出口

●2023年,江西出口增速居中部六省第五位,总量居中部六省第五位。各省分别为:河南5280亿元(2.4%)、安徽5231亿元(11.3%)、湖北4333.3亿元(4.7%)、湖南4000.9亿元(-21.9%)、江西3928.5亿元(-17.3%)、山西1050.0亿元(-12.3%)。

7. 城镇居民人均可支配收入

●2023年,江西增速为中部六省第五位,总量居中部六省第三位。各省分别为:湖南49243元(4.1%)、安徽47446元(5.1%)、江西45554元(4.3%)、湖北449900元(5.6%)、山西41327元(4.5%)、河南40234元（4.6%）。

8. 农村居民人均可支配收入

●2023年，江西总量居中部六省第一位。各省分别为：江西21358元（7.1%）、安徽21144元（8.0%）、湖北21293元（8.0%）、湖南20921元（7.0%）、河南20053元（7.3%）、山西17677元（8.6%）。

后　记

　　编写《江西省情资料手册》是我校(院)为加强各级领导干部省情教育而开展的一项长期工作。为此,常务副校(院)长李能高度重视,副校(院)长高莉娟对编好手册给予了关心和指导。

　　本手册的编写均由江西经济社会发展战略研究所的同志承担。在编写过程中,省政府办公厅、省发展和改革委、省人保厅、省农业农村厅、省商务厅、省统计局、各设区市统计局和市委党校等有关单位提供了许多宝贵资料,同时得到了校(院)教务处、科研部等有关部门的大力支持,在此一并表示感谢。

　　本手册编写的具体分工如下:

　　基本省情篇：杨和平、张扬、高建设、余漫、李林峰；

　　发展格局篇：李维、花晨；

　　专题资料篇：罗家为；

　　比较资料篇：曾光；

　　统稿：郭金丰；

　　全书最终审定：高莉娟。

编者

2024 年 4 月